杨 斌

澳门大学历史系教授，西泠印社社员，曾任新加坡国立大学历史系副教授，对中国史、全球史、科技医疗史及海洋史颇有兴趣。其博士论文 *Between Winds and Clouds: The Making of Yunnan* 于 2004 年获美国历史学会主办的古腾堡电子出版奖（The Gutenberg-e prize），由哥伦比亚大学出版社出版。作者目前正在撰写第三部英文专著 *Discovered but Forgotten: The Maldives in Chinese History*。

一个人活在世上，有自己真正爱好的事情，

那活得真真地叫有意思。

世上有味之事，如诗、如画、如哲学，往往无用。

吟无用之诗，作无用之画，读无用之书，

却因此活得更加有滋有味。

“不为无益之事，何以遣有涯之生”。

感恩有画，

为自己保留了一个开阔的心灵空间。

获得一种内在的从容和悠闲。

——叶茂中

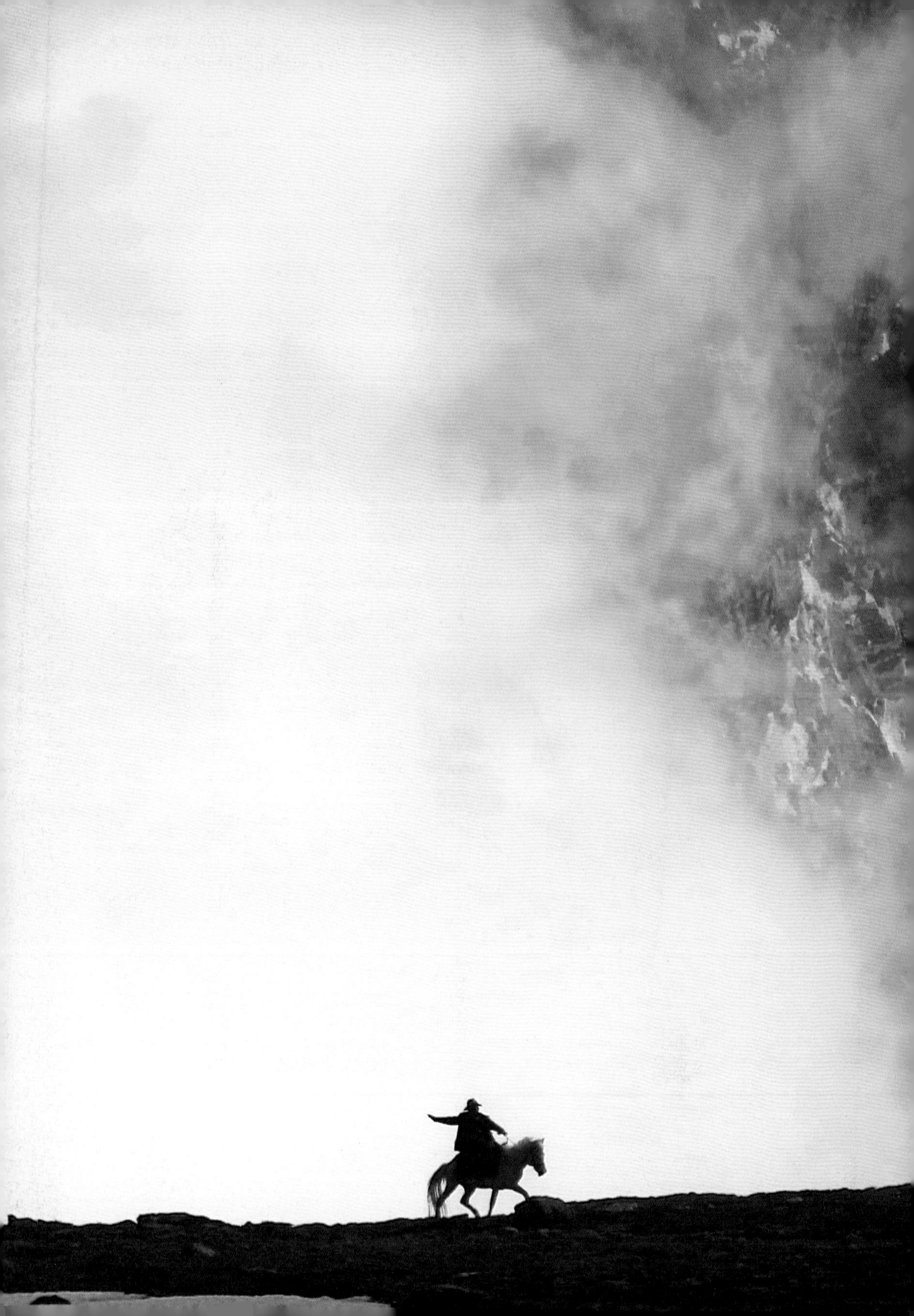

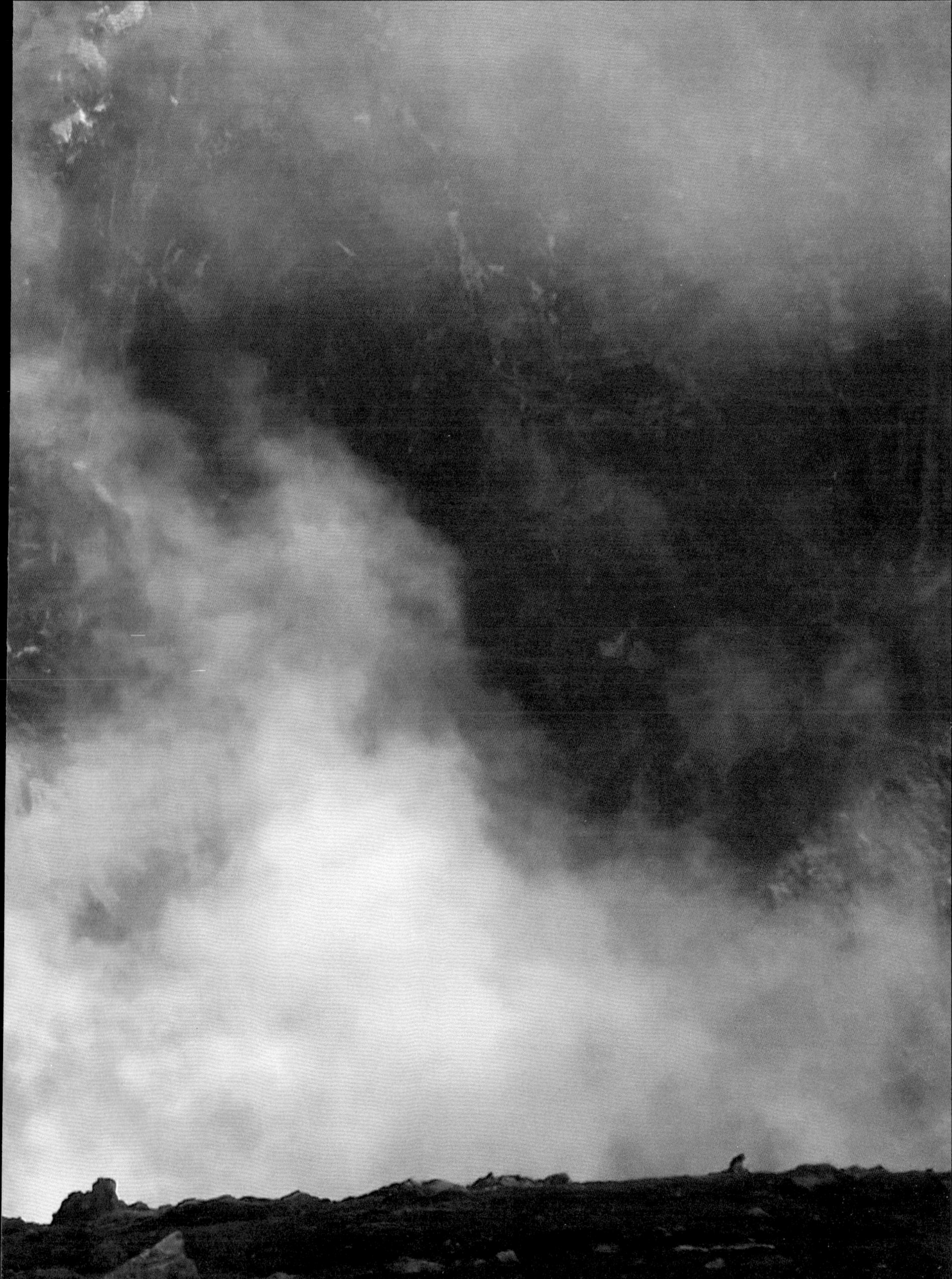

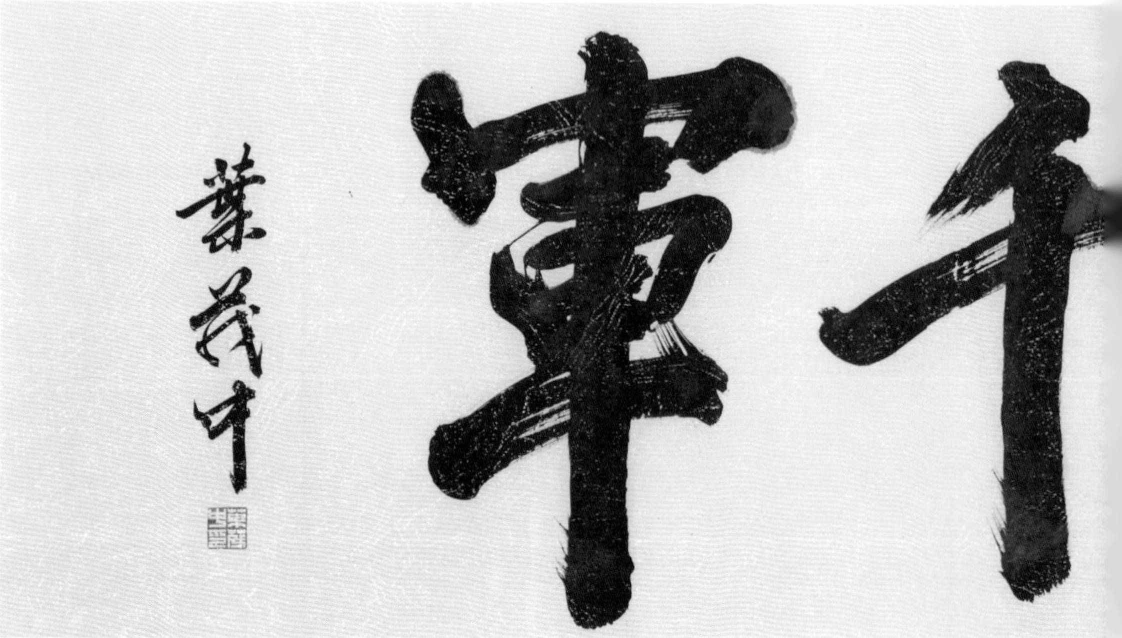
千軍
葉茂中

横掃

叶茂中

品牌营销策划人

收藏家

画家

北京大学研究生导师

一半营销 一半艺术

HALF
MARKETING
HALF
ART

叶茂中——著

机械工业出版社
CHINA MACHINE PRESS

本书完整记录了叶茂中先生多年来的广告营销实战经典理念，皆从营销“沙场”经历的成败得失、收获的经验和感悟中汇聚凝练而出。从广告人到广告公司，从广告主到现代企业，从广告到营销，从本体到载体，全面讲述了广告业的营销与执行之道，尽显叶氏广告的真知灼见。

不仅如此，这些年，叶茂中先生一边做策划，一边作画，为自己保留了一个开阔的心灵空间，为自己在事业上获得了一种自在的从容和悠闲，书中详细记录了他创作的经典画作及书法作品，展现了叶茂中先生另外一面的艺术人生。

图书在版编目（CIP）数据

一半营销一半艺术 / 叶茂中著. — 北京：机械工业出版社，2022.3
ISBN 978-7-111-70218-4

Ⅰ.①一…　Ⅱ.①叶…　Ⅲ.①广告－营销策划　Ⅳ.①F713.81

中国版本图书馆CIP数据核字（2022）第031607号

机械工业出版社（北京市百万庄大街22号　邮政编码100037）
策划编辑：胡嘉兴　　责任编辑：胡嘉兴　侯春鹏
责任校对：李　婷　王　延　　责任印制：李　昂
北京联兴盛业印刷股份有限公司印刷

2022年6月第1版第1次印刷
170mm×230mm・16.75印张・6插页・66千字
标准书号：ISBN 978-7-111-70218-4
定价：128.00元

电话服务
客服电话：010－88361066
010－88379833
010－68326294

网络服务
机　工　官　网：www.cmpbook.com
机　工　官　博：weibo.com/cmp1952
金　　书　　网：www.golden-book.com
机工教育服务网：www.cmpedu.com

文案策划：邹鸣鹤

推荐序 I　冲突的叶茂中

杨少卫

傅抱石先生最喜欢一副清人对联，上联“左壁观图右壁观史”，下联“有酒学仙无酒学佛”。左图右史，学仙学佛，道出傅先生旷达且浸以“往往醉后”的脾性，傅先生俨然是现当代最有魏晋风度的艺术大师。

叶茂中追慕魏晋，言必称桃花源中人。心性是否修炼得如傅先生那般率直任诞，清俊通脱，吾不得而知也。但其“左牵黄，右擎苍”的绝技却玩得熟稔。这些年来，老叶在现实主义的土壤里耕耘既久，走得坚实；又于浪漫主义的云端挥洒趣味，行得逍遥。摇曳雅俗两界，立体人后人前，恰似清涧桃花，各尽其妙。

叶茂中的画，看了千百遍，只觉得好，不知好在哪里；叶茂中这个人，交往两三次，觉得还不错，不知好在何处。一生的趣味取向，一世的情谊交往，都基本定格在对视的刹那。

人说老叶常怀赤子之心，不是说他心灵如水晶般剔透，而是说他认清了生活的真相却依然选择拥抱的悲天悯人之心。一个读遍二十四史的人会有多少磅礴乐观的精神体验？惟其少，体验才真；惟其真，情感才深，才有力。就像老叶的画作，里面有广阔的天地。甚至身处冬天，甚至直面黑暗，但有一处微光，一方斗室，心灵就会升腾起点点温暖，在周身漫延开来。

西郊草堂图

纵 100 厘米　横 28 厘米

设色纸本

2016

当我们的孩子出生，在夜色中发出柔弱却嘹亮的啼哭，全世界的黑暗，都挡不住一根蜡烛的光明。还有什么比希望和信念更可贵？

人生况味，风云际会，变化万端。“人皆有兄弟而我独无”，旷世孤独；“虽千万人吾往矣”，道之所在。我希望老叶是个平凡人，没有曲折，没有离奇，没有英雄故事。但他毕竟不是，他喜欢制造“冲突”，挑动欲海浮沉；又善于将“冲突”轻轻拭去，用笔墨重构境界迥异的和谐与美。他总是让人惊讶。

推荐序 2　叶茂中其画其人

汤哲明

黄宾虹 · 南高峰小景
纵 177.5 厘米 横 74 厘米
设色纸本
叶茂中收藏

叶茂中是个“传奇”，至少在没认识他之前我一直这么认为。

资深烟民如我，大约不会不知道大名鼎鼎的“黄鹤楼”，这就是其策划的成果。“黄鹤楼”在晋身中国价格数一数二的名烟之前，谁能想到它曾是一家面临困境的企业……中国营销策划第一人的称呼，于叶茂中而言，绝非浪得虚名。

叶茂中凭借营销策划名满天下，天下却不知道另一个叶茂中，一个徜徉于笔墨与艺术世界，如同上古岩穴之士的叶茂中。

我开始了解老叶，是在八年前的一次拍卖会上。当时我的一个朋友帮助朵云轩征集到一幅近代字画，写得霸悍开张，气势撼人，且底价极低。我兄亦好字画收藏，乃极力推荐。当即还约定买到手为止。

当时近代名人的书法远未达到今日的热度，价格甚至不逮普通画家所书。而这股近代名人书法热潮的最终形成，跟朵云轩此场中的这幅字画以及后一场孙中山书法天价的出现，有非常直接的关系。

正是因为近代名人书法当时处于低位，让我觉得拿下此件作品当是十拿九稳，岂料会后老兄来电，颇为丧气，称被叶茂中抢去了，自己跟他对上眼了，不好意思争了。我急问：叶茂中是何人？云是毛毛（刘益谦）的朋友。这是我第一次听到这个名字，心中不免暗赞其眼光：价格也算创下了当时该作者书法拍卖的纪录。

这是我了解老叶的开始，后来才知道他在营销领域的显赫地位，更惊悉他还是近现代字画的收藏大家。

老叶的收藏，以傅抱石、徐悲鸿、黄宾虹等近代大师为主，在圈子里非常知名。多年前北方某著名拍卖公司上拍一件黄宾虹的天价名作《南高峰小景》，经过一番激战后被老叶收入囊中，令他一时声名大噪。

我真正与老叶相识，是在跟毛毛的一次聚会上。

当时，叶茂中头戴一顶别着五角星的帽子，帽檐压得很低，手臂健壮，一看就知道是个练家子。他话不多，给人的感觉是非常酷的。他的形象，让我这个健身资深爱好者顿时有了亲近感。最有趣的是一言不合，他就叫来自己的大胡子司机给毛毛表演俯卧撑，一做就没完没了……那画面，顿时让大家欢乐起来，特别符合毛毛爱搞怪的口味。后来才知道，他身边的工作人员都被他要求健身，几乎每人都很内行。一同出差在机场候机时，他会要求员工挨个做俯卧撑，让人听了忍俊不禁。当时给我的感觉是，此公虽有点神神叨叨，人却非常有趣，心想这大概是他做策划的职业习惯吧。

再后来，偶然见到毛毛在朋友圈里转发他的画作，让我这个在笔墨圈滚了几十年的“小老炮”着实吃了一惊。老叶不但画得专业，而且我从为数不多的几张照片中能看出，他在师承上有着明确的坚持。换句话说，叶茂中绝不是随意抹几笔抒写性情的玩家，说得直白点，他是个有着勃勃野心，意欲会心先贤的画家。

我确定他是同道中人，便与他聊起画来。谁料这一聊，便领教了老叶亦正亦邪的表象下那颗结结实实的野心。他与我说到自己体会的笔墨之难，更是入木三分。我觉得没有曾入虎穴、全力相搏的经历，断难说出此话。而这，其实可概括为俩字：绝望！

这也戳到了我这个同有数十年学画经历的人的痛点，因而我相信老叶作画，因其特殊的际遇与状态，早已脱离了一般画家博人眼球、成名成家的羁绊，而与历史上诸多在山林田园里深藏功与名的岩穴之士一样，兀自享受着从独自面对古人到血战古人，再到会心古人的过程。这是一个从独怆然而涕下再到欲说还休、欲罢不能的过程，此间的苦痛、酸爽、快意与极乐，他只能如青灯面壁者一般孤独地去体会，诚然难以为外人道，犹夏虫不可语冰。

此时的我，再不觉得他是那个从容的酷哥，而是与震烁古今的画坛先贤做绝望搏斗的我辈中人。但凡在笔墨中有过深刻历练的人，绝不会没有如此的感受。因而对绕开笔墨、做点素描“效果”的国画同行，我也从不高看。我

鱼戏莲叶间
拟石涛笔意
纵 45 厘米 横 34 厘米
水墨纸本
2018

花溪羡鱼
拟八大笔意
纵 45 厘米 横 34 厘米
水墨纸本
2018

说老叶作画是远离了功利，是为了满足他与生俱来的野心，岂其妄言？这样的过程，与其说是享受，不如说是煎熬，最终却能脱化如同登仙。当然，这还不是老叶野心的全部。

叶茂中的野心，远不止在傅抱石的画风中用力，而是近此远追石涛、八大，并上溯元人王蒙，这是完整的链条。

因四王正统派画家笔笔古人的不越雷池，激发了石涛、八大从我手写我口的角度掀起的艺术洪流。自元人以来的笔墨传统，至此有如遭遇前路大石的巨瀑，顿时被扯成正统派与野逸派两途，飞流直下，“挂”到了近代，“挂”到了让老叶心仪的傅抱石……

老叶是泰州人，江苏水墨画自建国后受傅抱石影响极大，特别是山水画家，泰半乞灵于傅氏笔墨的狂逸萧散，颇有“齐鲁之士，惟摹营丘，关陕之士，惟摹范宽”的遗韵。老叶也不例外，在藏界，他以收藏傅画知名，其画自然也有抱石之风。

艺术无非情与理的相生相杀，古今中外，概莫能外。四王画偏于理，石涛、八大直至近代傅抱石，则偏于情。这情当然非男女情爱，而是指重视感觉，不为理性所缚。然其真正的妙处，在于情终能与理合，所谓“从心所欲，不逾矩”。人类自古追求的，不也正是这个？不过因各人理解不同，化作了思想史上纷繁的流派，也成就了艺术的意义。

夏山听瀑
拟傅抱石笔意
纵 44 厘米　横 23 厘米
设色纸本
2019

老叶画上的路线，与他的性格是相契合的。

不拘法度而终能合乎法度，历来是文人墨客的追求。有没有法度有时确实不重要，但不合于法中所寓之理，却终无意义。老叶的绝望，其实根源于此。在画面上，理性派与感性派有着明显的不同，但到终极，却又殊途同归，只能说这是实现方式的差异。而这差异，便源于实现者的个性。古人云画如其人，看多看久了，自然知道，画怎会不如其人？

老叶近年的兴趣转向了写生，我知道他已掌握了笔墨的基本规律，试图借造化来彻底打通自己与古人之间日益稀薄的隔阂。他的画面，开始兼取黄宾虹、吴冠中绘画的意绪，也表明了他的趣味所在，痴心不改。而这种趣味，跟他的收藏理念，同调也同步。

通过聊天，我了解了老叶小时候的经历和他少时对艺术的憧憬。那是一个孩子脑海里自幼五色斑斓的梦想，随着年龄与阅历的增长不断成长并丰满起来的野心，推动了他在事业上的成功，更化作了他实实在在的收藏，亦最终圆满了他的画面……

聊到欢愉处，我们相约一同出外写生，却不料他病了。

毛毛一直希望他办个画展，我知道他想再多些磨砺，不欲过早亮相，故一拖再拖。而我希望他尽快好起来。我在西南已经趟出了一条既险且美的写生之路，等着他来实现我们饱游饫看的约定……

与石传神，至正乙丑目睹其自运笔持小坡听石宗颜乃见真迹因诵间赏诗小云意是不求形似有而乃为此惜吾此德愁若神似有而乃为崔竹之法当先师人造意笔法遂以清当意之世偶得意忘笔而之而此像求为佛如宝之五光至有种如宝生者当信手可学久精凝生者当自信五处之时馆其之日吉而甚多须于御池遊三区经胜可惠然不求於寄濒于此但神欲未泳无此为我观史地象生从庸昌染难玄由无亲起善宝宁净为女聲泛而此巧息颐道人

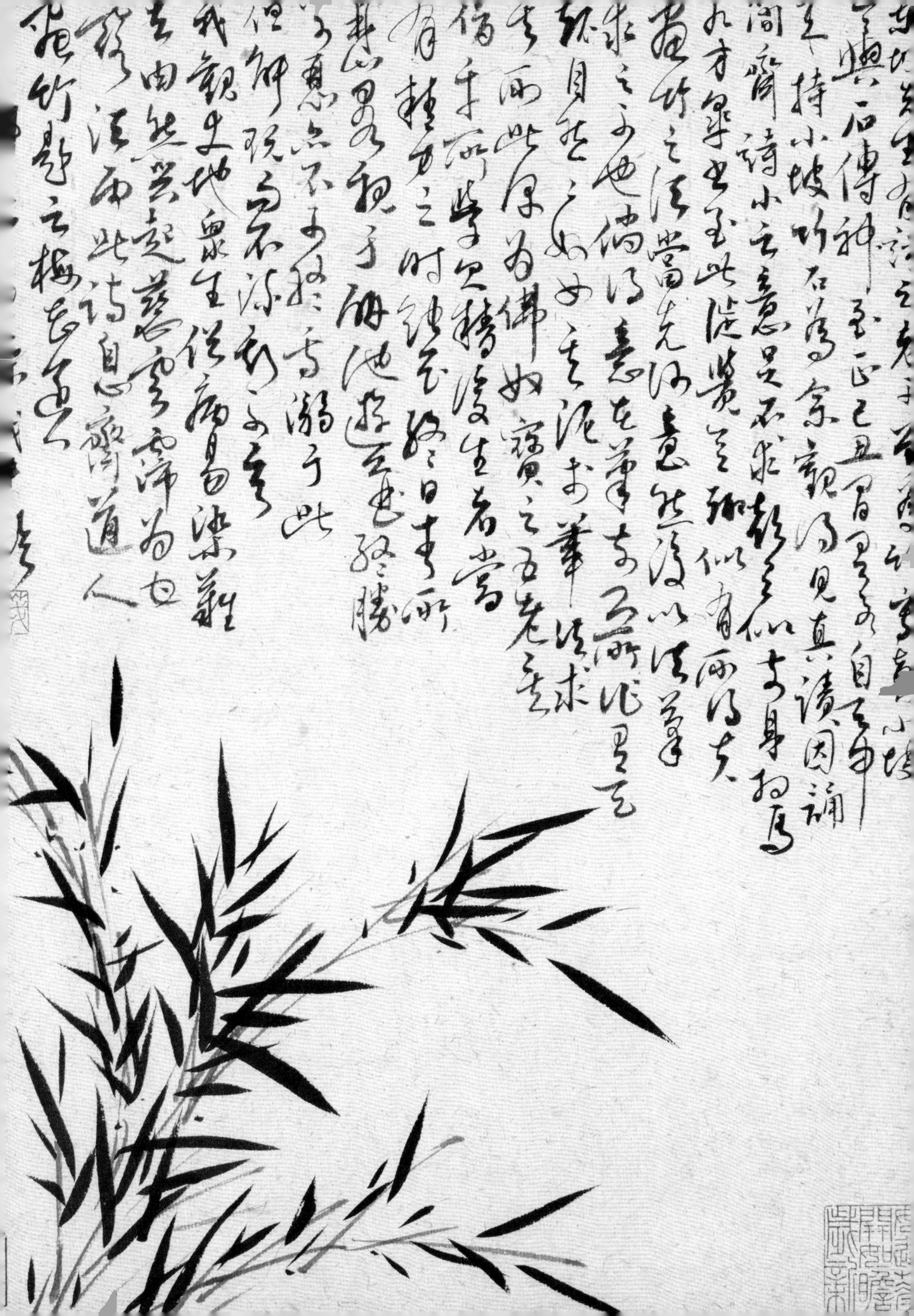

营销的三个阶段

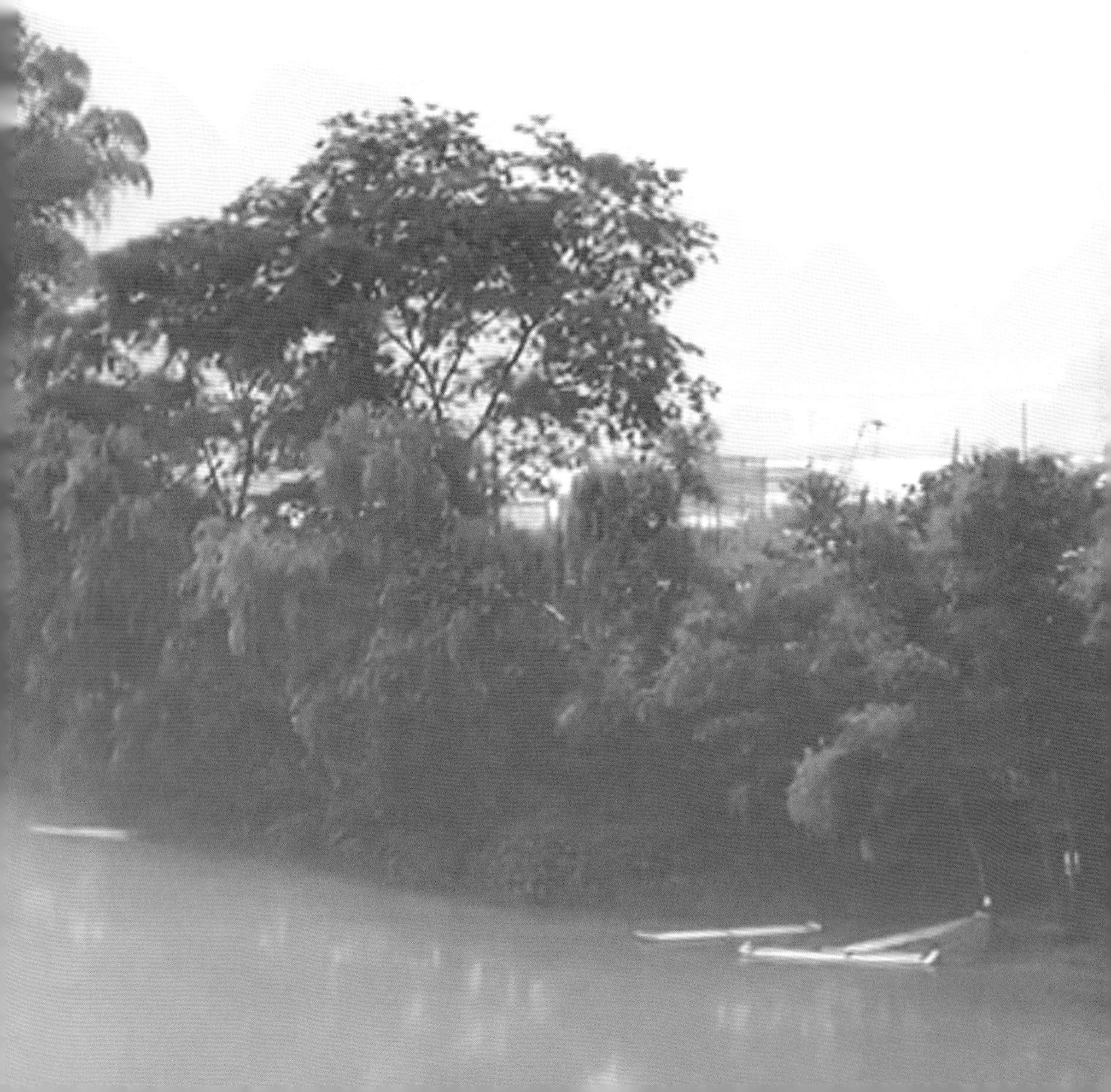

营销的三个阶段

过往四十年，叶茂中认为中国企业大概走过了三个阶段。
第一个阶段有“胆”就行，谁敢在中央台打广告谁就能赢，因为那时候还是短缺经济的时代；
第二个阶段必须有“识”，开始进入产品力、销售力、品牌力阶段，市场机会多，企业经历了充分的优胜劣汰竞争；
第三个阶段是创新和想象力的时代，所有的行业都可能会被颠覆，而且还有可能是被另外一个行业颠覆。
胆；
识；
创造力，想象力，洞察力。

胆

1979—1989 年

这个时代的营销就是胆量式的，一支广告可以改变一家企业的命运，而且那个时候媒体非常单纯，也不像今天这么碎片化，打广告在当年成就了一大批企业。我在 1989 年拍了第一支春兰空调的广告后，春兰就成为中国空调第一品牌。

识

1990—2000 年

有的人成功了，
但他不知道自己为何成功；
有的人失败了，
但他也不知道自己为何失败。
胆量之后，“识”变得更加重要。
识是什么？就是指西方传过来的那些营销理论，这个阶段要有专业的营销知识才能成功。

创造力，想象力，洞察力

2001 年至今

你不能运用提出问题的思维解决问题。

——爱因斯坦

我们今天的思想观念是由过去的社会经济环境造就的，在社会经济环境已经发生巨大变化的情况下，其效用成为问题。在很多情况下，当前的思维不仅不能作为解决问题的依靠，反而有可能成为解决问题的障碍。
如今已发展到第三个阶段，就是创造力、想象力和洞察力的阶段。你只有营销知识和经验，已不足以应付错综复杂的市场，在互联网的下半场，创造力、想象力和洞察力，比知识和经验更重要。能不能洞察到新经济带给我们的成功机会，对于企业和营销人来讲，是一个挑战。

胆

企业经营的三大成本：

机会是第一成本，时间是第二成本，金钱是第三成本。不成功的企业往往搞反了顺序。

成功的方法虽然可以学习和借鉴，但并不容易复制，因为对任何企业而言，机会并不是一直存在的。用胆量把握机会，是中小企业家不可忽视的重要功课。

夏山图

方严题诗堂

诗堂 纵21厘米 横70厘米

画心 纵51厘米 横70厘米

设色纸本

2015

山居少華麗章
茅结淨居山间
不受塵幽人亦新
沐春霖挽流芳
霽旭浮遠野白
首貞元人相期古
松下 春雨经晴时
山光弄煙翠林
间有高人嘆語
落天外
右錄宋人詩二首
乙未十二月
方巖時客甓州
北山之芙蓉峰下
地僻林深無過客松門元自不曾關
展將一幅溪藤滑寫得湖陽數點山
倪元鎮詩 方巖題於甓城

人走我不走，杀出新血路。

走老路到不了新地方，只有人走我不走，制造新冲突，改变赛道，才是企业战略的重中之重。

长征

纵 45 厘米 横 34 厘米

设色纸本

2020

在人生的某一阶段，对生命负责的态度就是玩命。你对自己残酷一点，世界就会对你好一点。你对自己好一点，世界就会对你残酷一点。不玩命一阵子，就辛苦一辈子。

水阁清话

纵 129 厘米 横 32 厘米

设色纸本

2016

水阁清话（局部）

那些能成事的人都敢于去做自己害怕的事！
即便你不奋斗一生，也要奋斗一次！

柴门掩雪图

纵 88 厘米 横 63 厘米

设色纸本

2015

市场的规模是由冲突大小决定的，有些企业过于执着寻找细分市场，反而可能会抹杀掉市场规模化的可能性，患上了『营销短视症』。菲利普·科特勒说：『营销就是在满足顾客需要的同时创造利润』。冲突越大，市场机会就越大；企业要杀出一条血路来，就必须有胆量、有勇气找到更大的冲突，甚至制造冲突，重构赛道。

松涧寻幽

纵 80 厘米 横 34 厘米

设色纸本

2016

在初级竞争市场，抢地盘还是练内功？

做市场就是抢地盘，尤其是在初级竞争市场，最重要的事情就是抢地盘。有时候，抢地盘跟练内功是矛盾的，等你内功都练好了，可能地盘也被人抢光了。所以在初级竞争市场，抢地盘更胜过练内功。

秋山萧寺图

纵 134 厘米 横 34 厘米

设色纸本

2015

面对中国非对称的市场情况，有些品牌可以选择以抢地盘为先。以中国之大，遍地都有未开垦之地。同理，先圈定一块区域进行精耕细作的品牌也大有成功的可能。关键的是，一旦我们选择了某一个方向，就必须坚定地前行，直到牢牢把握住机会。

林泉隐逸图

纵 137 厘米 横 56 厘米

设色纸本

2018

云深不知处

纵 25 厘米 横 16 厘米

设色纸本

2019

钱可以存，时间不能存，一年时间用完了，生命的口袋里就少了一年。路上遇到的好人恶人、好事恶事，在年末都一笑而过，『险夷原不滞胸中，何异浮云过太空』。未来诸事难料，一切战斗都是心战，内心的强大才是真正的强大。

溪岸话旧

纵 25 厘米 横 16 厘米

设色纸本

2019

没有对手的市场未必是好市场——没有对手，往往意味着没有市场。林中猎人太多虽然会导致竞争激烈，但跑到没有猎物的地方去打猎更加没有意义。

你要把消费者当成对象去追，光对他们好是不够的，十句『我爱你』也不如一句『我懂你』，你必须洞察到他们的冲突，解决他们迫在眉睫的问题，要做一个懂消费者的品牌。

江岸话别

纵 45 厘米 横 34 厘米

设色纸本

2020

放眼望去，整个江湖可能都是你的敌人，但真正的高手，从来只有一个敌人——第一的高手！

刘翔还没有成为世界冠军的时候，他的目标就是超越世界上跑得最快的那个；

姚明还没去 NBA 时，他的目标就是超越当时全美最好的中锋——奥尼尔。

那么你的敌人究竟是谁？

风雨归渔

纵 25 厘米 横 16 厘米

设色绢本

2019

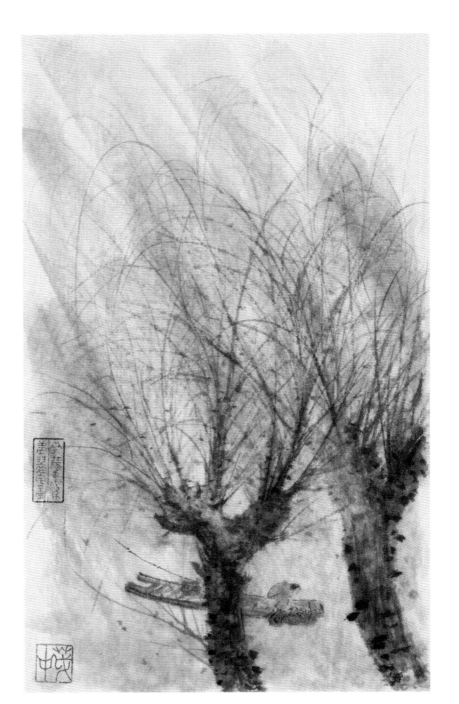

风雨归帆

纵 42 厘米 横 117 厘米

水墨纸本

2015

小成功需要好朋友，大成就需要厉害的敌人。古人喜欢以史明鉴，今人就该以敌明鉴！学习敌人，分析敌人，研究敌人，以致能打击敌人，战胜敌人。要成就伟大的品牌，就要有胆量对标伟大的敌人。

品牌投入要趁早，今天投广告一定是比明天投更划算的；如果你有决心建立行业的第一品牌，有决心做一家百年老店，那就从现在开始行动吧。

野藤明珠

纵 45 厘米 横 34 厘米

水墨纸本

2018

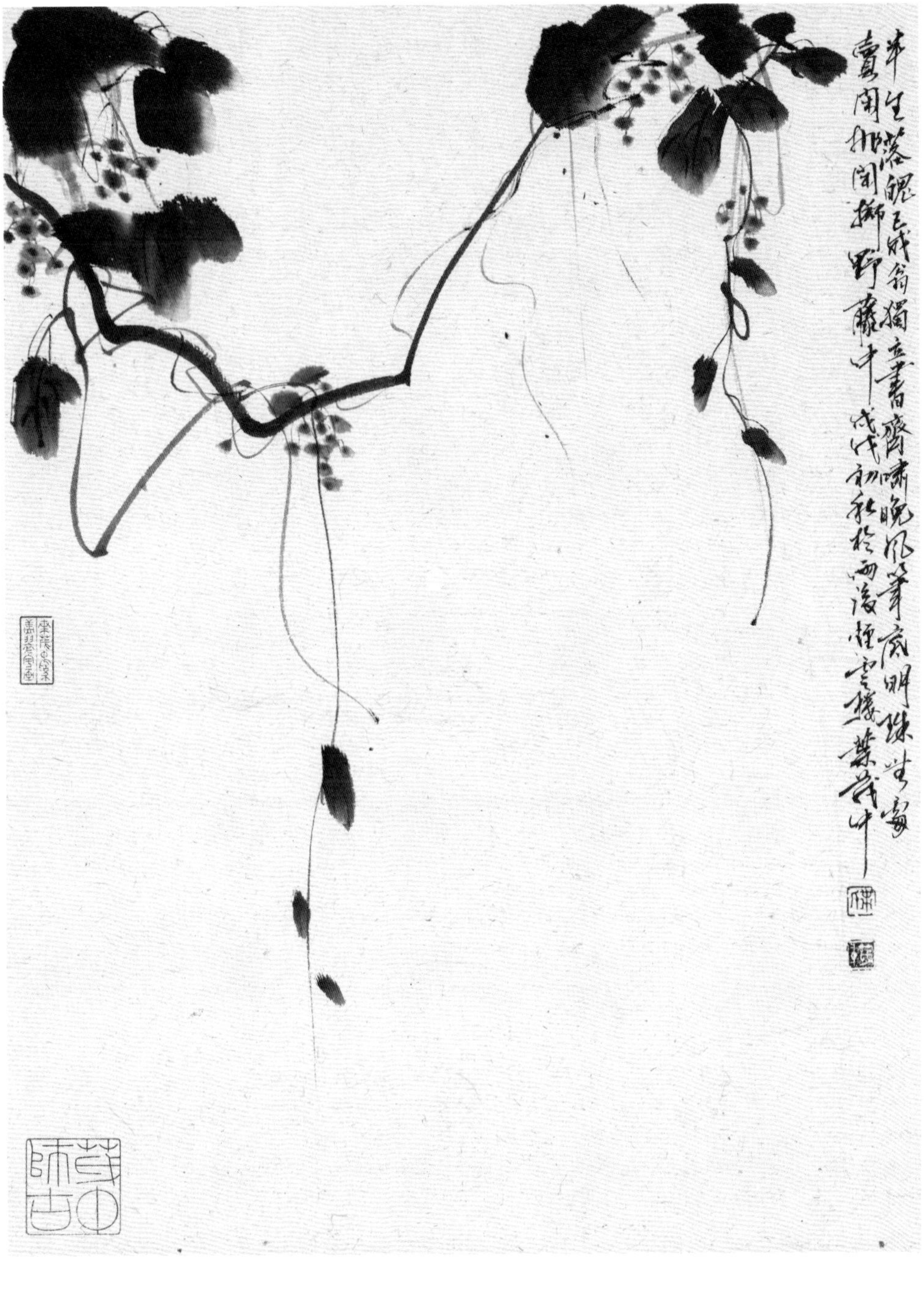
半生落魄已成翁獨立書齋嘯晚風筆底明珠無處
賣閒拋閒擲野藤中
戊戌初秋於雨後煙雲樓葉成中

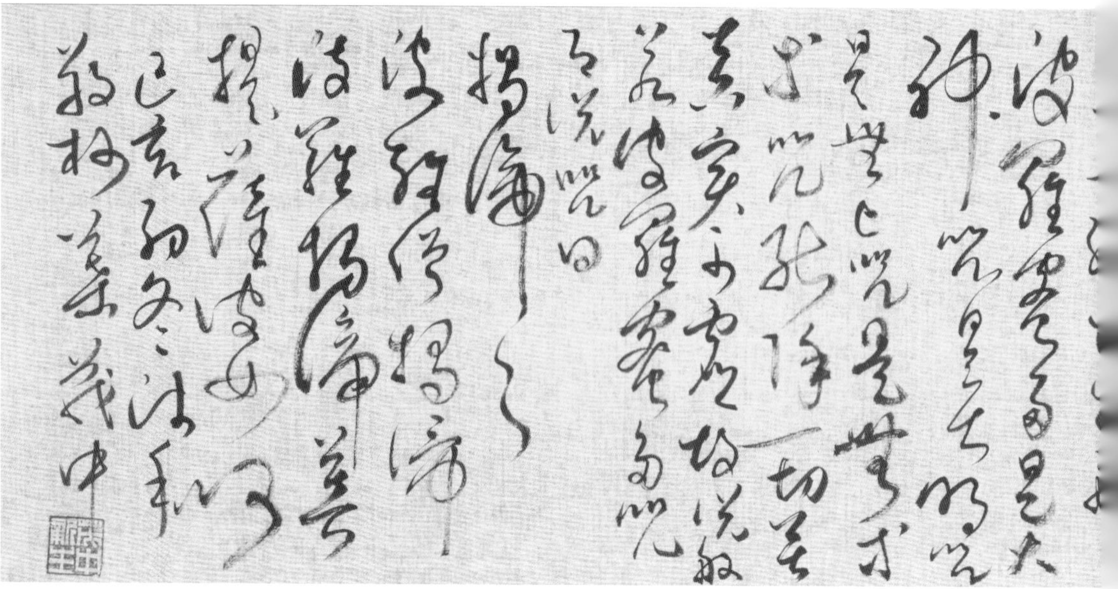

草书 · 心经

纵 22 厘米 横 138 厘米

水墨纸本

2019

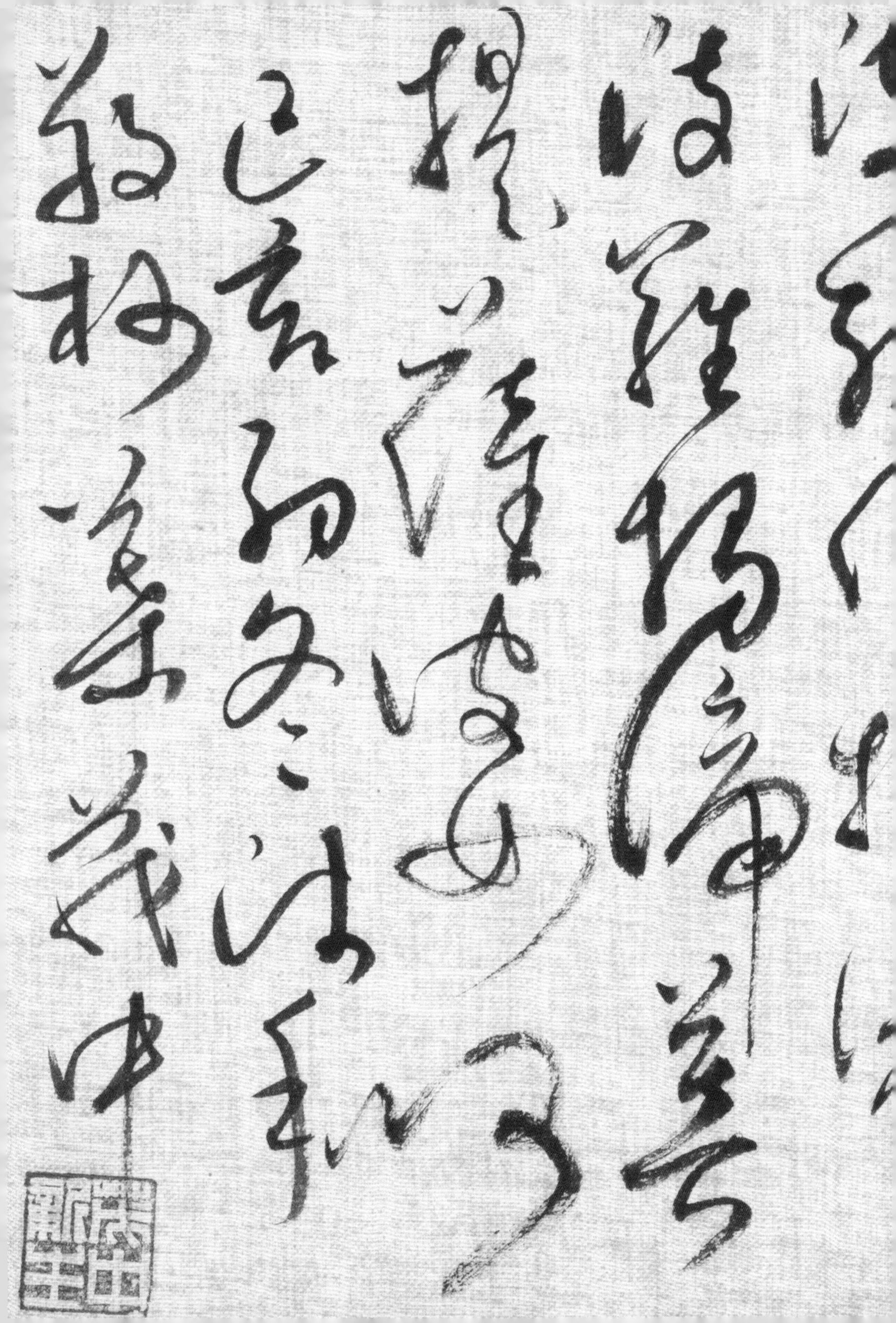

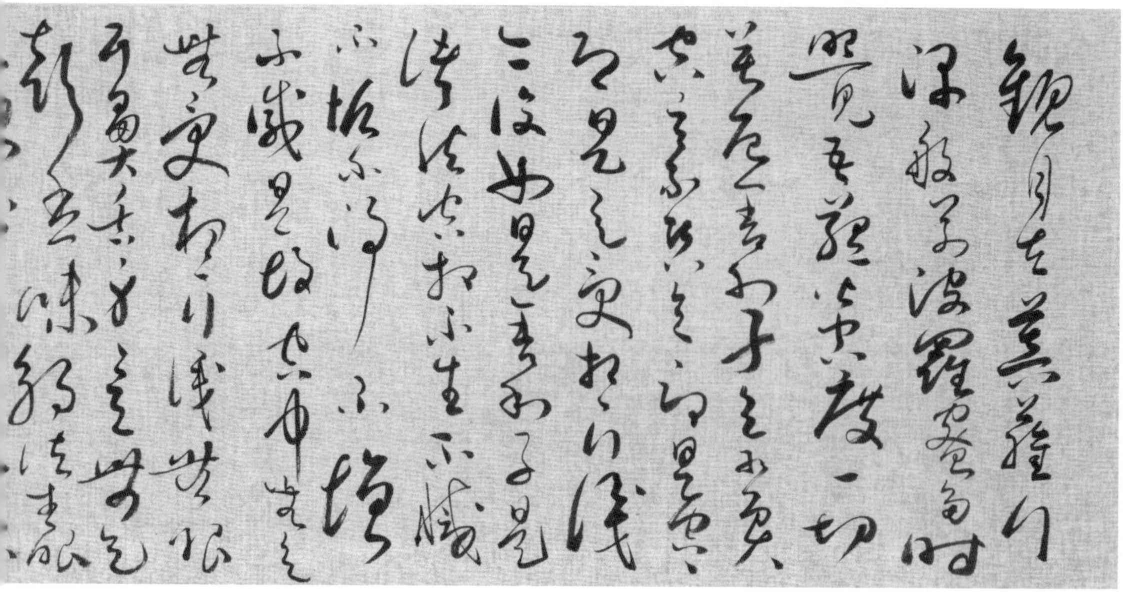

在消费浪潮中，若不想被后浪拍在沙滩上，企业家更需要有『置之死地而后生』的心理预设，后浪不仅是指竞争对手，更是指消费者冲突需求的浪潮——当消费者的浪头高过一切时，你不主动革自己的命，就只能被消费者革命。

界乃至無意識界
無無明亦無無明
盡乃至無老死
亦無老死盡無苦
集滅道無智亦
無得以無所得故
菩提薩埵依般
若波羅蜜多故
心無罣礙無罣
礙無有恐怖
遠離顛倒夢
想究竟涅槃
三世諸佛依般
若波羅蜜多故得

把水烧到100度。
做广告最忌讳的就是将水烧到80度，水没开，钱都浪费了。宁愿将水烧到100度，确保水烧开。

偃竹图 · 十帧选四

纵34厘米 横45厘米 ×4

水墨纸本

2020

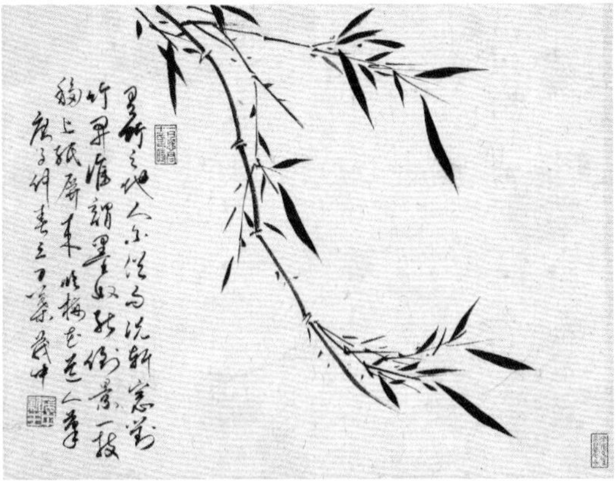

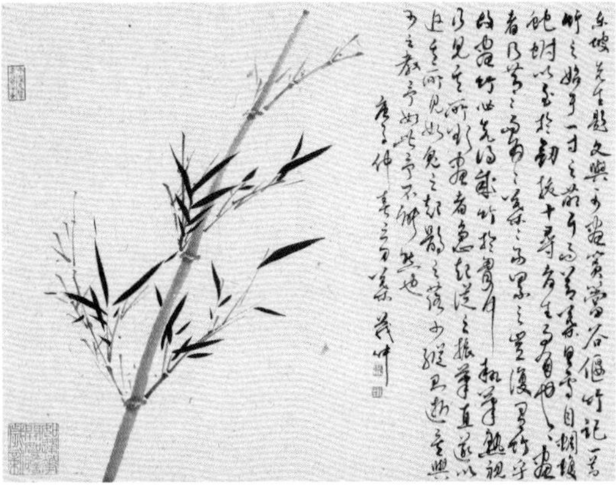

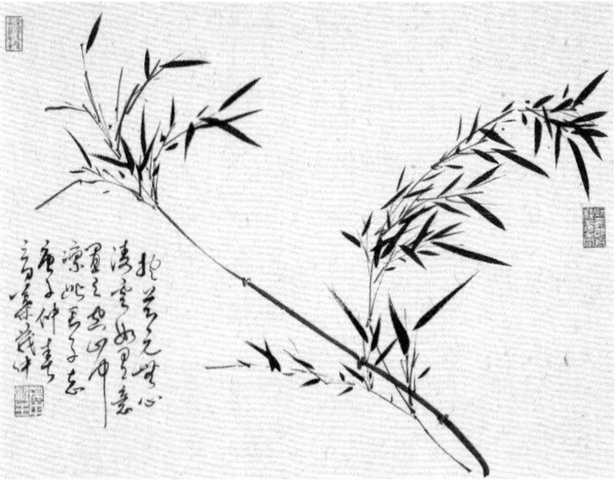

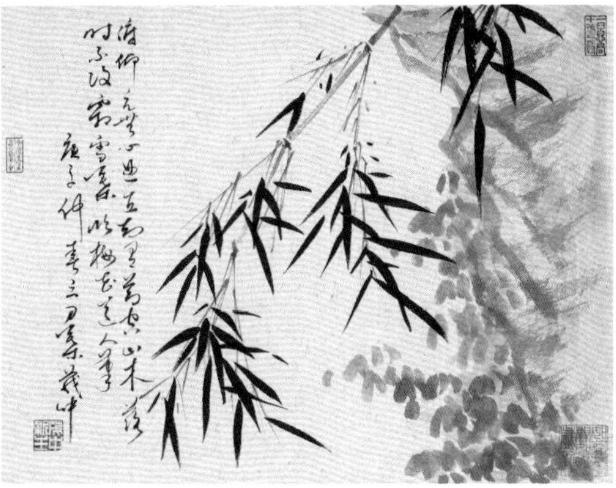

在营销的世界里，没有哪家企业强大到不能被挑战，也没有哪家企业弱小到不能去竞争，关键在于你是否能够洞悉人性和欲望的触点，按下开关。

烟树苍茫两过客

纵 34 厘米 横 45 厘米

设色纸本

2020

如果你是鹰，就不要和小鸡们在一起。时间长了鹰不仅不会飞了，而且还会自卑，因为鹰不会打鸣。

新生

纵 133 厘米 横 36 厘米

水墨纸本

2019

策划人这个职业适合有自虐倾向的人，不想好好过日子，跟自己过不去的人做这行最合适。因为这个职业会使人在挫折中产生成就，二者相互交错。别相信任何一本书里告诉你的该如何放松、怎样想创意的方法，这些都是胡说。你最需要的是在想创意的时候进入一个封闭的空间，跟世界切断所有联系，脑袋里只有这个创意。

花溪羡鱼

纵 45 厘米 横 34 厘米

水墨纸本

2018

科技不断进步，让左脑和右脑的冲突不断升级。左脑和右脑的冲突不仅永远不会停止，还会不断升级，所以解决冲突的手段也需要不停地升级，但洞察冲突的原点，需要回到人心和人性。

一花一世界

纵 138 厘米 横 70 厘米

水墨纸本

2018

一花一世界一葉一如來
戊戌端午五十周歲生日寫
於雨後煙雲樓

制造消费者心理冲突的目的就是要让消费者对其固有认知产生怀疑，尤其是在消费升级的大势下，面对更具怀疑精神的年轻人，制造心理冲突，首先要让他们对旧的、传统的方式产生怀疑。

仰山高图

纵 134 厘米 横 33 厘米

设色纸本

2016

制造和竞争对手的冲突，就是完全站在他们的对立面，制造出消费者新的、相反的冲突需求。只有用这种极端的方式制造冲突，才能借力上位。

结庐红尘外

纵 116 厘米 横 51 厘米

设色纸本

2016

要成就一家伟大的企业，便要为自己制造伟大的对手。在这个时代，英雄也要靠敌人荣耀其身，如果敌人不够多、不够强，英雄也无法成为传奇。

两岸猿声啼不住

纵 42 厘米 横 38 厘米

设色纸本

2019

己亥初夏
案戏作

对手越强，意味着冲突越大、机会越多。

别后不知君远近

纵 54 厘米 横 54 厘米

设色纸本

2016

在这个快速迭代的时代，过去的经验积累成为我们的竞争力，但也可能成为未来的阻力。我们必须经历九九八十一难，练就火眼金睛，区分出哪些是能保留的养分，哪些是必须剔除的糟粕。

行舟莫问风雨声

纵 31 厘米 横 34 厘米

设色纸本

2020

一个人能否成功，完全取决于其能否发掘自己与生俱来的天分，再和社会上的某种需求嫁接。失败有二：一是不知道自己有何天分；二是知道却嫁接错了。

层林尽染

纵 45 厘米 横 34 厘米

设色纸本

2020

心中无敌，则天下无敌。我认为这不是境界，
而是方法，可令你从他人那里学到更多。

秋亭会友

纵 61 厘米 横 37 厘米

设色纸本

2019

广告业绝对是属于『智者的行业』。广告业是一个知识密集、技术密集、人才密集的行业，对从业人员的素质有很高的要求，绝非每个人都能无愧于『广告人』这一称号。

幽谷消夏

纵 132 厘米 横 67 厘米

设色纸本

2016

在碎片化的时代，一切传播渠道都被打了折扣。曾经的广告主，不知道50%的广告费浪费在哪里；如今的广告主，不仅浪费的广告费更多，而且还有25%的广告费可能找不到地方花出去。这就是碎片化时代的广告业现实。

夜半风雪思故人

纵45厘米 横19厘米

设色纸本

2020

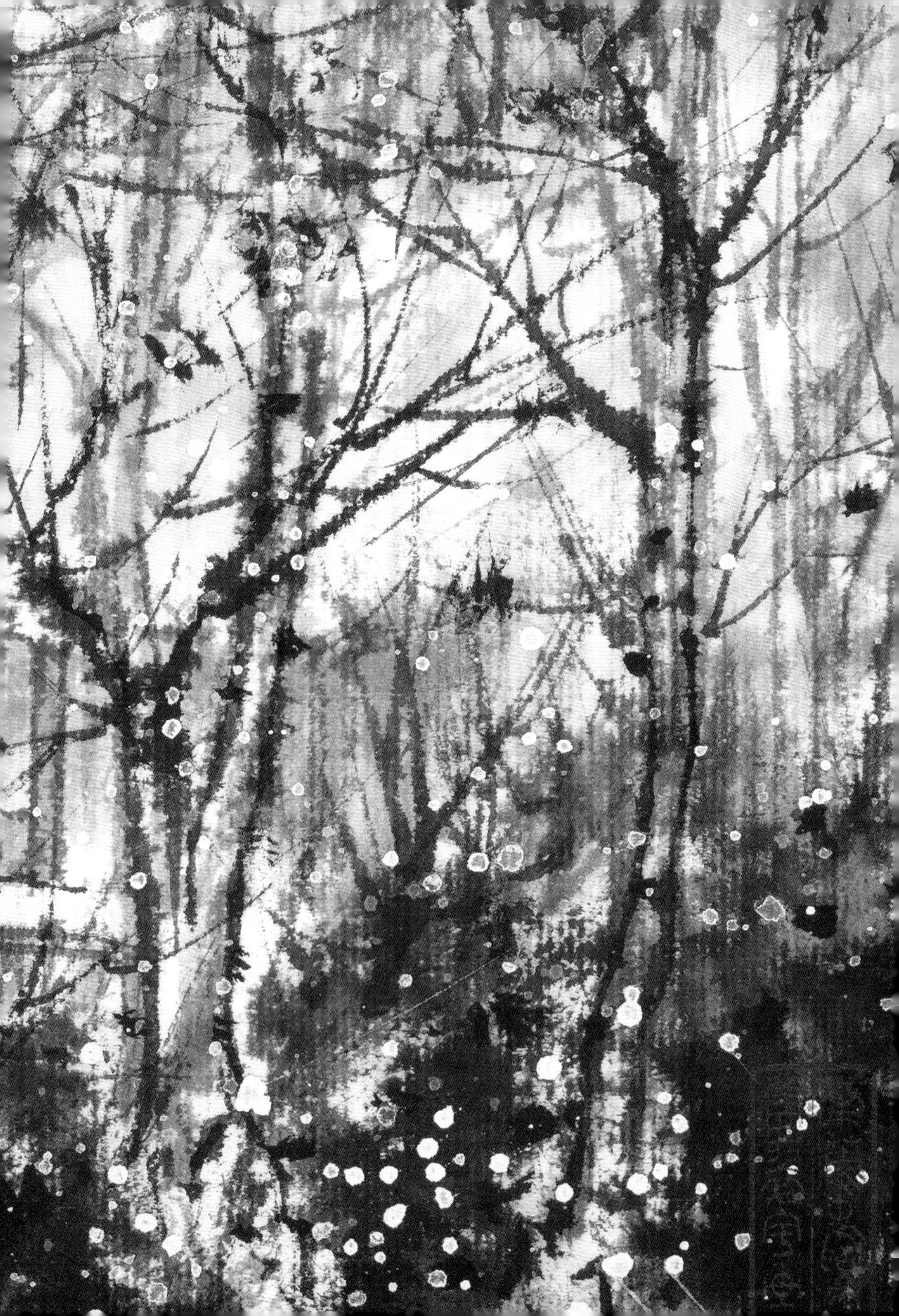

在这个产品过剩的时代，一个品牌如果没有灵魂，其产品是卖不上价的，产品的溢价率关键就在于品牌灵魂，消费者的忠诚度同样也取决于此。没有胆量打造品牌，必然也无法塑造产品的价值。

暮雪归庄图

纵 45 厘米 横 34 厘米

设色纸本

2020

能装大鱼的是湖，能装鲸鱼的是海，只有小溪才每天被小鱼扑腾的水花四溅。平庸的企业害怕冲突，伟大的企业拥抱冲突。

春词

纵 45 厘米 横 24 厘米

设色纸本

2020

人生的苦难就像包装得很难看的礼物，有人不敢打开，其实打开得越早越好。

太白醉酒

纵 45 厘米 横 34 厘米

设色纸本

2020

识

品牌崛起的秘诀在于四个关键要素：
伟大的产品创意，
意义深远的核心价值，
持续强势的营销活动，
以及数量可观的传播广告。

钟馗摇扇

纵 45 厘米 横 34 厘米

设色纸本

2020

营销的本质是什么？是洞察需求！
需求在哪里被发现的？在冲突中被发现的！
没有冲突，就没有营销！

湘夫人

纵 142 厘米 横 42 厘米

设色纸本

2017

时代在变，人性不变，只要营销的对象还是活生生的人，只要人性的本质不变，那么营销的本质就不会变。

营销的本质首先是研究需求，其实就是研究人；而人性的本质，是七情六欲，是真善美，也是贪嗔痴，是本能的映射，也是欲望的抑制，归根结底就是两个字：冲突。

天女散花

纵 45 厘米 横 34 厘米

设色纸本

2020

冲突来自生理和心理——之所以产生冲突，根源在于人性的复杂化和多样性，比如人性的贪婪。人的生理需求是有限的，但心理需求却是无限的，生理需求和心理需求相碰撞就会产生冲突。

清荫雅集

纵 138 厘米 横 59 厘米

设色纸本

2017

冲突来自左脑和右脑——左脑的理性思维，往往会带来更多的限制和分析；右脑的感性思维，往往会带来更多的欲望和冲动。在克制的理性需求和冲动的感性需求之间，在有限的需求和无限的欲望之间，往往就能发现冲突的原点。

坐忘清景曛

纵 15 厘米 横 28 厘米

设色纸本

2020

山瀑清会

纵 25 厘米 横 16 厘米

设色绢本

2019

在现实社会中，由于人无法孤立地存在于世界上，这就注定了人的世界中充满了冲突，人和人之间，人和事之间，文化和文化之间，时间和空间之间……到处都有发生冲突的可能性。无论是基于哪种原因的冲突，我们都应认识到：冲突是获得巨大成长的机会，认识到冲突发生的原因，就会诞生相应的解决之道；解决之道就意味着满足了需求。

国家和国家之间是有冲突的；观念和观念之间是有冲突的；

家庭和事业之间是有冲突的；男人和女人之间是有冲突的；

理想和现实之间是有冲突的；美食和身材之间是有冲突的。

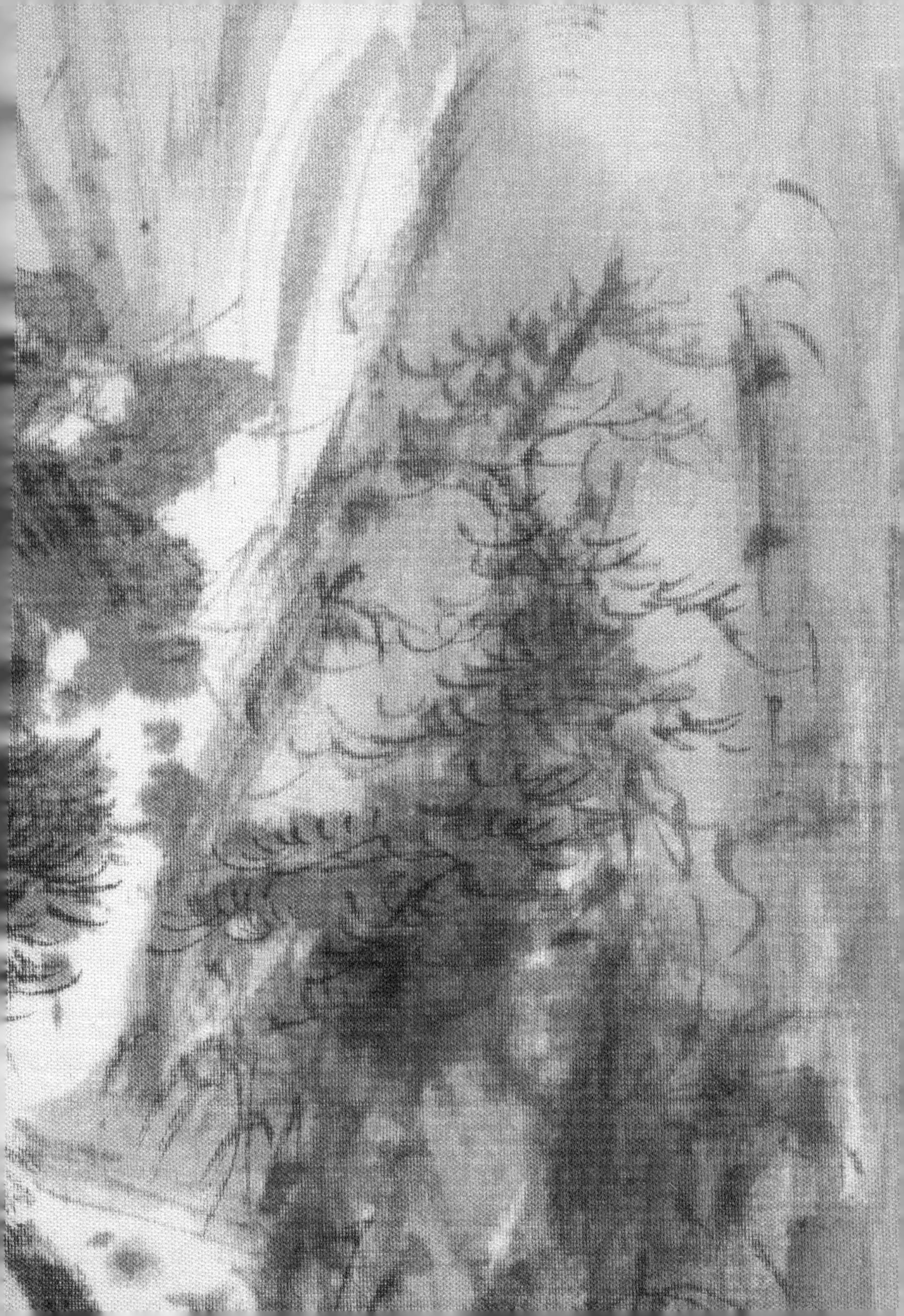

林泉高逸

纵 25 厘米 横 16 厘米

设色绢本

2019

人吃饱了就会想要吃得更好，吃好了又会想要吃得科学，人的需求就这样一点点被激发出来。不断深度挖掘消费者的内在需求，不断细分这些需求，就产生了一个又一个市场机会。

云林清话

纵 25 厘米 横 16 厘米

设色绢本

2019

品牌的建立是一个商品经过消费者的认知、体验、信任，在市场占到一席之地的过程。因此，启程的是产品，抵达终点站的则是品牌。消费者因为产品而和品牌产生关系，因为品牌而爱上其产品。

松风泉水声相答

纵 25 厘米 横 16 厘米

设色绢本

2019

来自人类欲望的冲突，往往是来源于现实且高于现实的，其背后往往有精神、理想等诸多因素，有时候甚至是不可调和、不可妥协的（比如梦想和现实之间的冲突等）。但如果品牌能够解决冲突，品牌就如同『救世主』，能够令消费者忠诚追随了。

云山轻霭

纵 25 厘米 横 16 厘米

设色绢本

2019

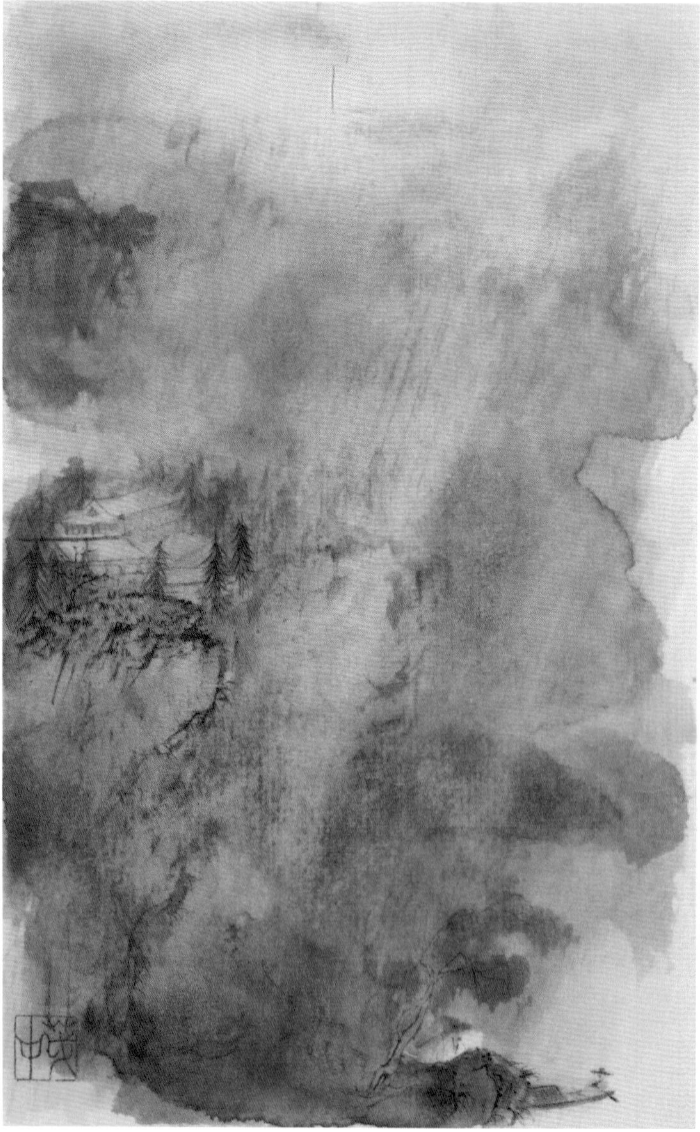

进攻左脑解决冲突，靠产品真相（性能、包装、价格等），这是物质及技术层面上的竞争。

产品真相是：解决消费者冲突的具体解决方案，而不仅仅是产品力的描述；

产品真相是：对消费者的承诺，是具体的利益承诺。

产品真相必须是一招致命的。

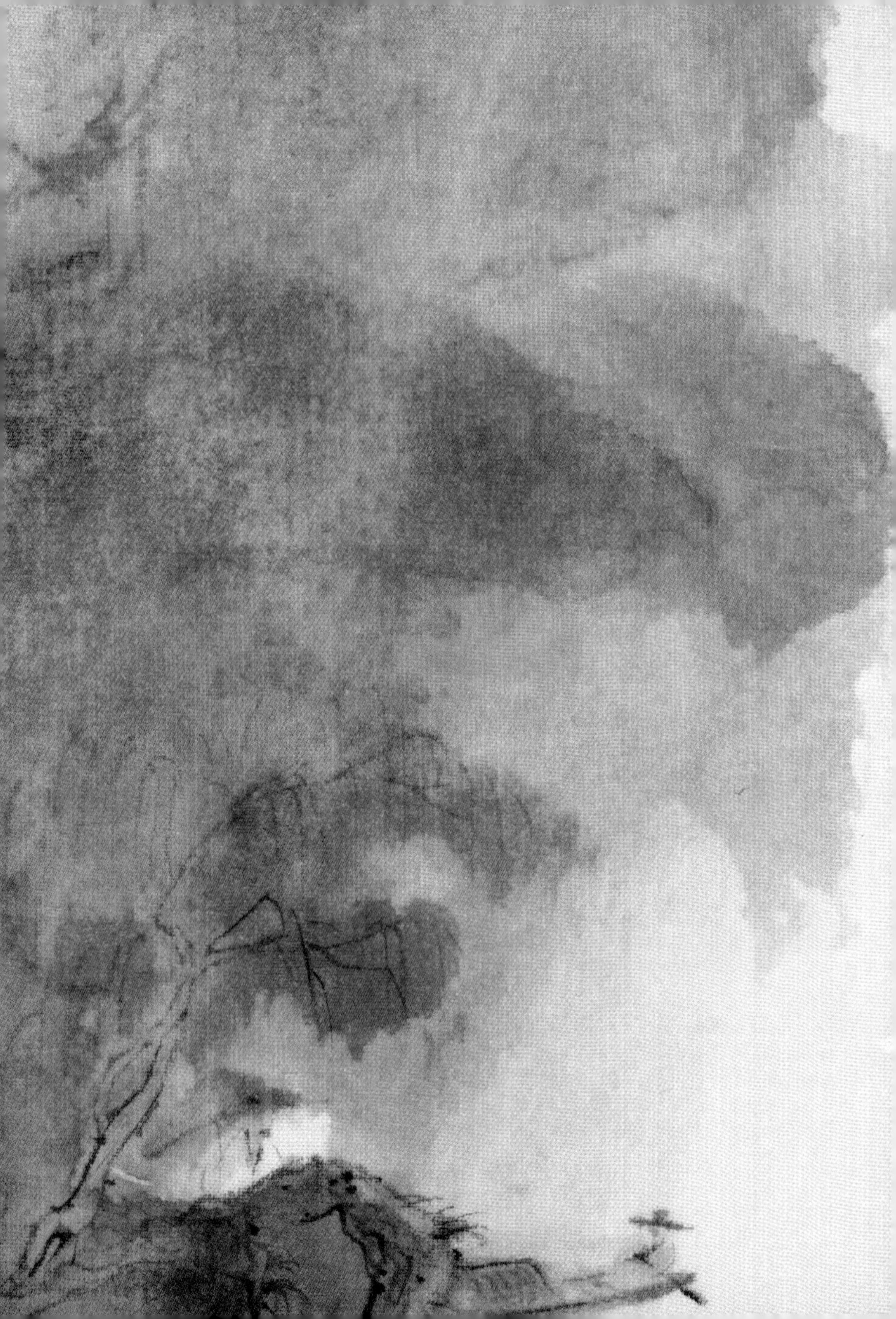

冲突，是营销的魂——营销之前务必要问自己：

以消费者为中心——消费者的冲突有哪些？

以竞争对手为中心——尚未被竞争对手解决的冲突有哪些？

以自我为中心——我的产品到底解决了哪个冲突？

携友拟为深谷隐

纵 45 厘米 横 34 厘米

设色纸本

2018

进攻右脑解决冲突，靠品牌真相（心理感受、价值共鸣，以及品牌的附加值等），这是精神及心理层面上的竞争。

品牌真相是：解决消费者冲突的具体沟通方案，而不仅仅是品牌形象的输出；

品牌真相是：让消费者感性的右脑能理解、信任、感动；必须击中人性的真、善、美；最高境界则是击中人的价值观。

品牌真相必须是一招致命的。

数声唼喋醒池塘

纵 103 厘米 横 34 厘米

设色纸本

2019

广告语的三大原则：

上接战略——一句话解决冲突；

下接地气——一句话传播冲突，要讲人话；

自带公关——一句话制造冲突，扩大传播效应。

鹤寿千年

纵 146 厘米 横 47 厘米

设色纸本

2018

鶴松千年共
戊戌初秋
於雨後寫
葉茂中

广告语的三大注意事项：

一个中心——不要说你想说的话，要说消费者想听的话，以解决或制造消费者冲突为中心；

一个冲突——简单的背后是『不简单』的洞察冲突、解决或制造冲突的能力，广告语必须聚焦在一个核心冲突点上，不要企图以多取胜；

一句人话——广告语的目的是解决冲突，更要便于传播，所以不要追求所谓的『高大上』，要说消费者能听懂的人话。

英雄独立

纵 183 厘米 横 47 厘米

设色纸本

2018

荷塘 · 六景选二

直径 33 厘米 ×2

水墨纸本

2017

品牌名能否解决传播冲突的关键点是：

第一是好记，

第二是好记，

第三还是好记。

年轻人有大把时间，时间就像是个大口袋，『装得下，世界就是你的』。

子非鱼

纵 45 厘米 横 34 厘米

水墨纸本

2018

一个好的广告创意，应该建立在一个正确的策略基础之上。策略要充分考虑目标市场、品牌状况、竞争品牌、产品特点、目标人群、品牌定位、广告目的、诉求重点等因素。遵循这个大策略发展而成的创意概念才是正确、有效的。任何脱离策略的所谓『好创意』，只能拿去评奖，不能对品牌做出有效贡献。

出水荷风带露香

纵 136 厘米 横 67 厘米

设色纸本

2018

广告没有专业可言，只有成功可言。广告不能脱离营销而存在——没有一个客户找广告公司的目的是为了做专业、高雅的广告，他们对广告的要求只有一个：『成功』把产品卖出去。所以，做广告必须从根本上帮助客户解决问题。

荷韵四帧

纵 136 厘米 横 33 厘米 ×4

设色纸本

2018

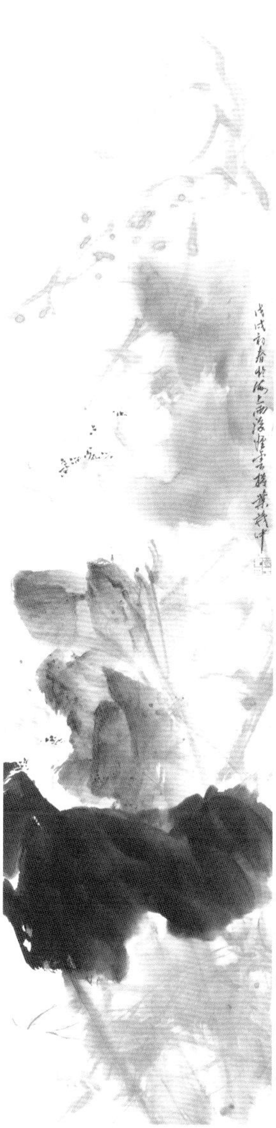

媒体策略好：1亿元的广告费做出10亿元的效果；
媒体策略不好：10亿元的广告费做出1亿元的效果。

乘时只待风雷动
纵132厘米 横66厘米
水墨纸本
2015

做广告应该达到两个目的：一是销量的增长，二是品牌形象的提升和品牌资产的积累。只达成了其中一个目的，都不能说是成功的广告。纵观一些成功的企业，不仅注重销量，更注重建立一个能够永久经营的品牌。甚至在某些时候，销量是次要的，品牌的建立才是最重要的，当然这是在没有生存压力的情况下而言的。

秋蝉

纵 79 厘米 横 66 厘米

设色纸本

2015

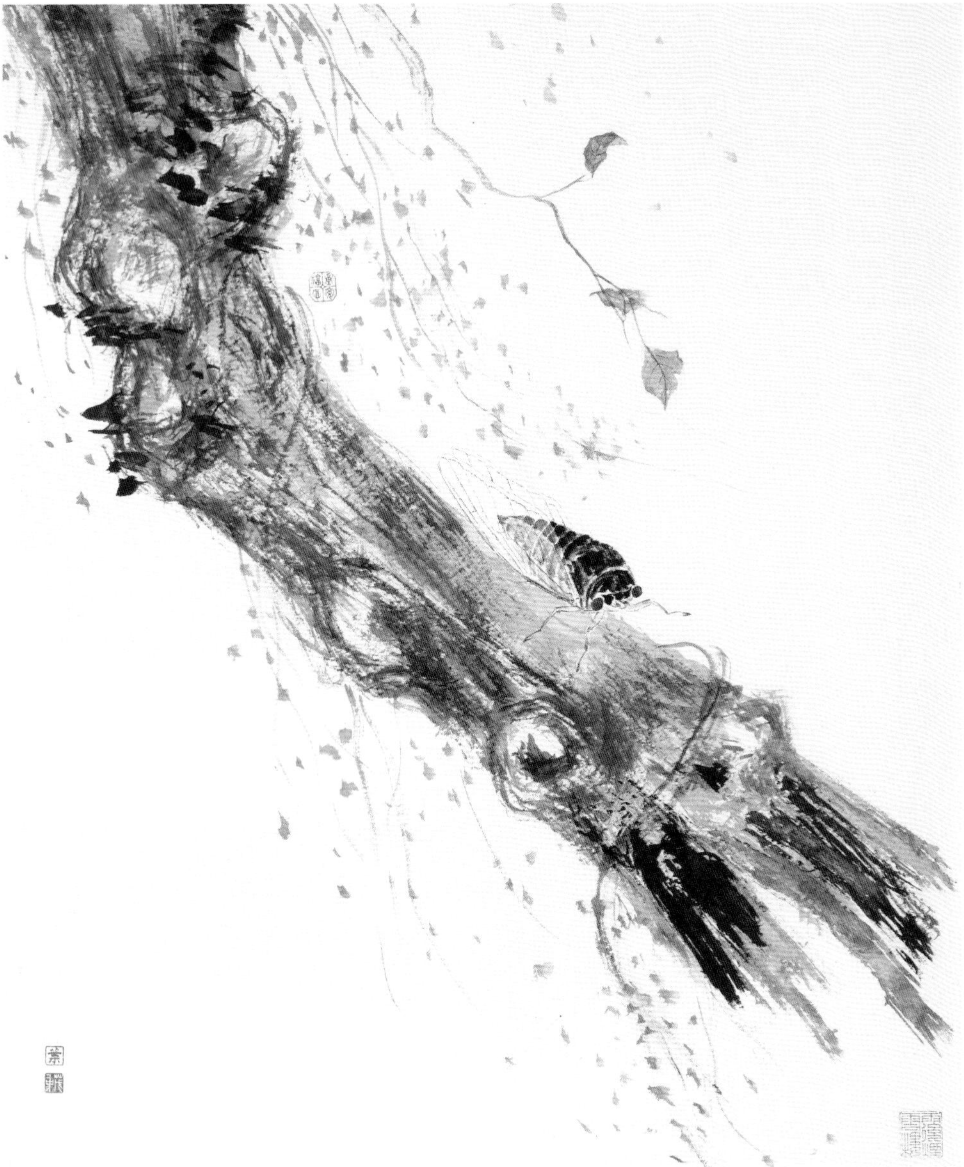

在广告片中多次重复提及品牌，这在广告圈里似乎是一件可耻的事，因为它显得不趋向国际化，当然也就难以获奖。15秒的广告能提3次品牌名，如果有旁白，加上字幕会更有保障。另外声音要大，宁可把人吓到，也不能让人听不到。所以有些『傻广告』大呼小叫地在30秒广告里念5次品牌名，它成功了；而有些画面精致的广告屡获大奖，却只提一次品牌名，它失败了。

观自在菩萨

纵70厘米 横55厘米

水墨纸本

2019

企图在一则广告里加入两个以上的想法，是非常可怕的。欲速则不达，这种不恰当的野心，只会阻碍成功的到来。试想一个课堂有两个，甚至三个老师在同时讲话，会是什么结果？

布袋和尚

纵 95 厘米 横 33 厘米

设色纸本

2019

生也布袋
川他布袋
敛山布袋
江屯自在

乙亥冬
戊中

布袋和尚
己亥年
於蔵谦撰
三月戊中

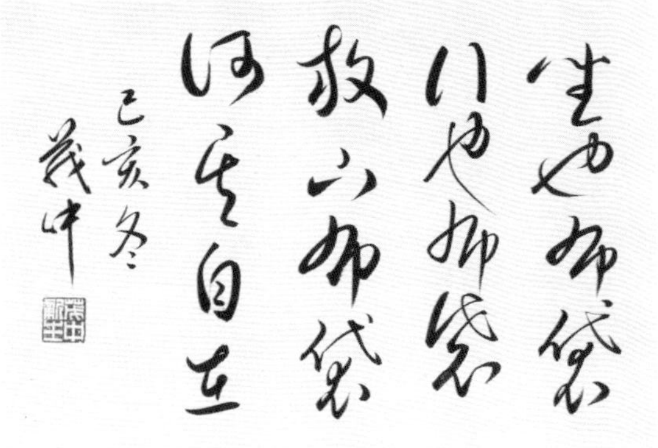

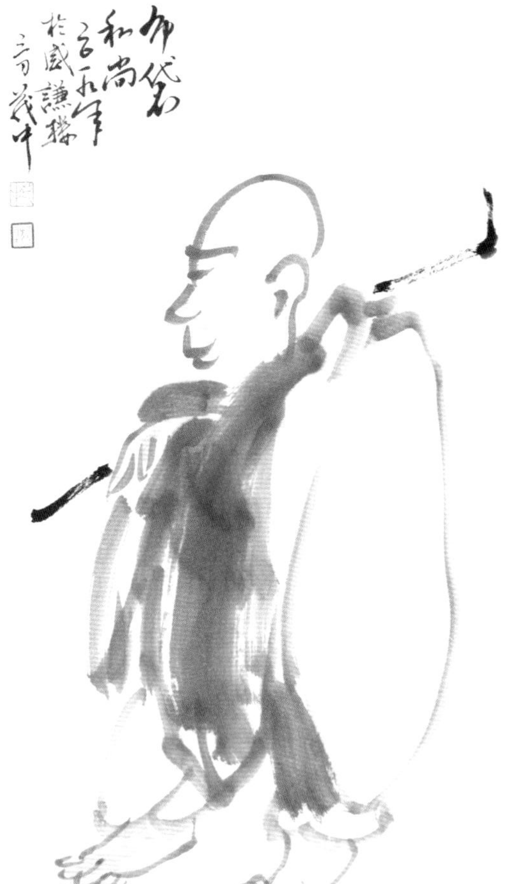

给小孩看的广告，成人不喜欢有什么关系？给女人看的广告，男人不喜欢有什么关系？给农民看的广告，城里人不喜欢有什么关系？给俗人看的广告，高雅之士不喜欢有什么关系？给外行看的广告，内行不喜欢有什么关系？

荷婀娜

纵 65 厘米 横 44 厘米

设色纸本

2015

认知和事实总是有区别的。我们千万不要跟消费者讲什么是事实。你没有这个时间、这个金钱去做这种事情，消费者也没有兴趣去听你讲事实。所以我们在传播过程中强调：认知比事实更重要，认知大于事实。消费者的判断力是有限的。早些年我们只要大声表白就行了，但现在分散的媒体、粉尘化的传播效应，都让表白集体失声。我们只有洞察到消费者的认知，才能拿到表白的门票。

醉春风

纵 66 厘米 横 53 厘米

设色纸本

2015

进攻左脑，解决冲突，要始终记得：消费者要的永远不是直径五毫米的钻头，而是直径五毫米的钻孔。消费者需要的产品真相是具体的利益承诺，是用左脑解决冲突的具体方案。

行书 · 夫为弗居

纵 47 厘米 横 176 厘米

水墨纸本

2018

行书 · 岳阳楼记

纵 175 厘米 横 46 厘米 ×7

水墨纸本

2018

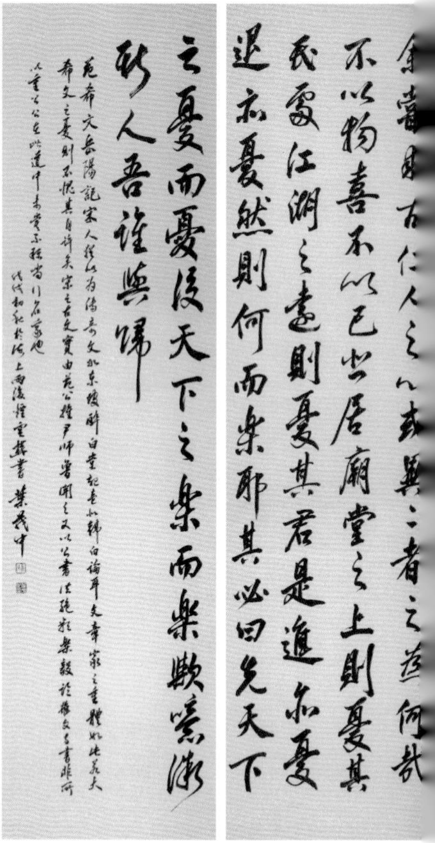

进攻右脑，解决冲突，要始终记得：产品速朽，感动常在；品牌真相是解决消费者冲突的具体沟通方案，而不仅仅是品牌形象的输出。

岳陽樓記慶曆四年春滕子京守
巴陵郡越明年政通人和百廢具
興乃重修岳陽樓增其舊制刻唐
賢今人詩賦于其上屬予作文以
記之予觀夫巴陵勝狀在洞庭一湖銜
遠山吞長江浩浩湯湯橫無際涯朝暉
夕陰氣象万千此則岳陽樓之大觀
也前人之述備矣然則北通巫峽南
極瀟湘遷客騷人多會於此覽物情
得無異乎若夫霪雨霏霏連月不開
陰風怒號濁浪排空日星隱曜
山岳潛形商旅不行檣傾楫摧薄
暮冥冥虎嘯猿啼登斯樓也則有去國
懷鄉憂讒畏譏滿目蕭然感極而悲
者矣至若春和景明波濤不驚上下
天光一碧萬頃沙鷗翔集錦鱗游
泳岸芷汀蘭郁郁青青而或長煙一空皓月
千里浮光躍金靜影沉璧漁歌互答
此樂何極登斯樓也則有心曠神怡寵
辱偕忘把酒臨風其喜洋洋者矣嗟夫

每一款成功的消费级产品都需要经历三个阶段，从『想要』到『需要』，再到成为『必要』，如此方可取代老品牌，成为消费者需求的一部分。

草书 · 东坡诗

纵 138 厘米 横 34 厘米

水墨纸本

2019

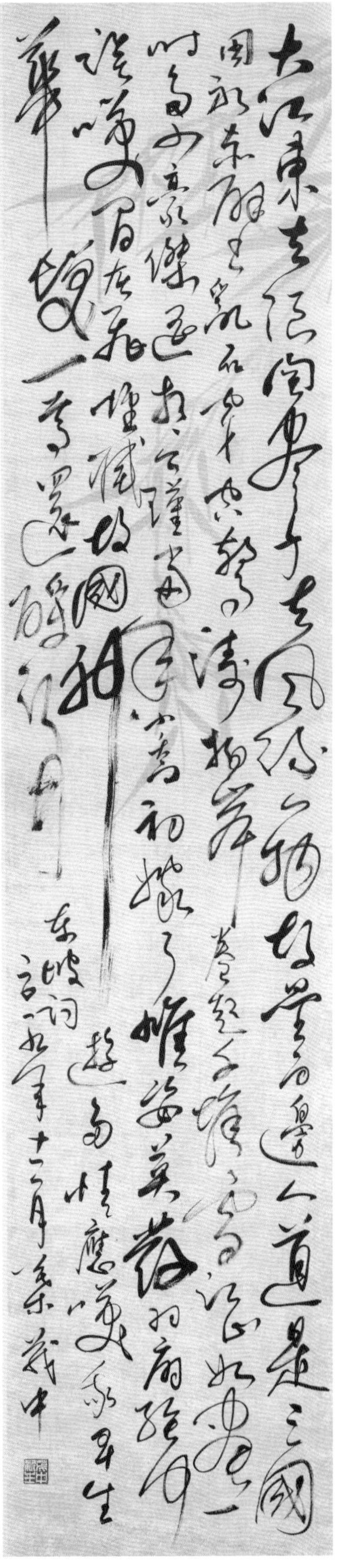
大江东去浪淘尽千古风流人物故垒西边人道是三国周郎赤壁乱石穿空惊涛拍岸卷起千堆雪江山如画一时多少豪杰遥想公瑾当年小乔初嫁了雄姿英发羽扇纶巾谈笑间樯橹灰飞烟灭故国神游多情应笑我早生华发人生如梦一尊还酹江月
东坡词

草书 · 东坡诗（局部）

須晴日，看紅裝素裹，分外妖嬈。江山如此多嬌，引無數英雄競折腰。惜秦皇漢武，略輸文采；唐宗

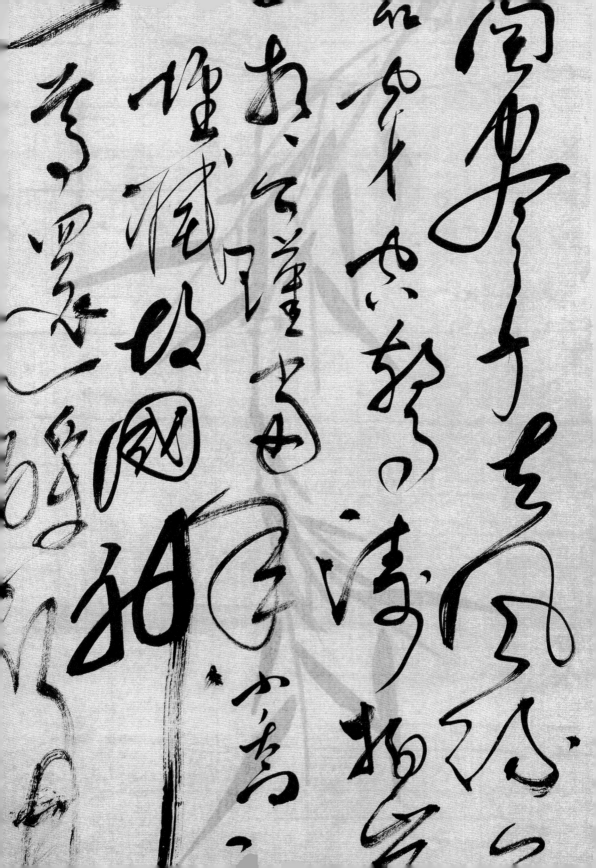

让人喜欢还是让人记住？肯定是后者更重要。让人喜欢，只是大脑的『情绪记忆』，很快就会消失；让人记住，一定是大脑的『事实记忆』，体现的是消费者对你的需求点，这是不会轻易被遗忘的。

五指峰下水如镜

纵 34 厘米 横 45 厘米

设色纸本

2020

有很多经验告诉我们，如果品牌形象不断变化，最终将无法建立强势品牌。坚持品牌形象的统一，应该让所有人、所有动作都往同一个方向努力，让每一个品牌行为都对品牌资产积累有所贡献，让点点滴滴的传播动作成为品牌资产的积累和沉淀。

八马命河出翠微

纵 34 厘米 横 45 厘米

设色纸本

2020

『铁打的营盘，流水的兵』。品牌才是你的营盘。品牌的价值主张是一脉相承的，是坚持不变的。如果今年说这个，明年说那个，消费者也会被搞糊涂了。

老榕不识新人面

纵 45 厘米 横 34 厘米

设色纸本

2020

消费者需求驱动产品定制已经不是未来，而是当下的流行趋势。持久的竞争必然是超越需求、满足消费者内心欲望的竞争，尤其是在互联网时代，依靠产品单打独斗，费心费力，很难持久。

秸秆化作烟云舞

纵 45 厘米 横 34 厘米

设色纸本

2020

需求会让消费者认同，欲望则让消费者买单。尤其是在冲突不断升级的时代——正视欲望的多变，点燃欲望，才是解决冲突的正道。

孤云郁秀烟云养

纵 45 厘米 横 34 厘米

设色纸本

2020

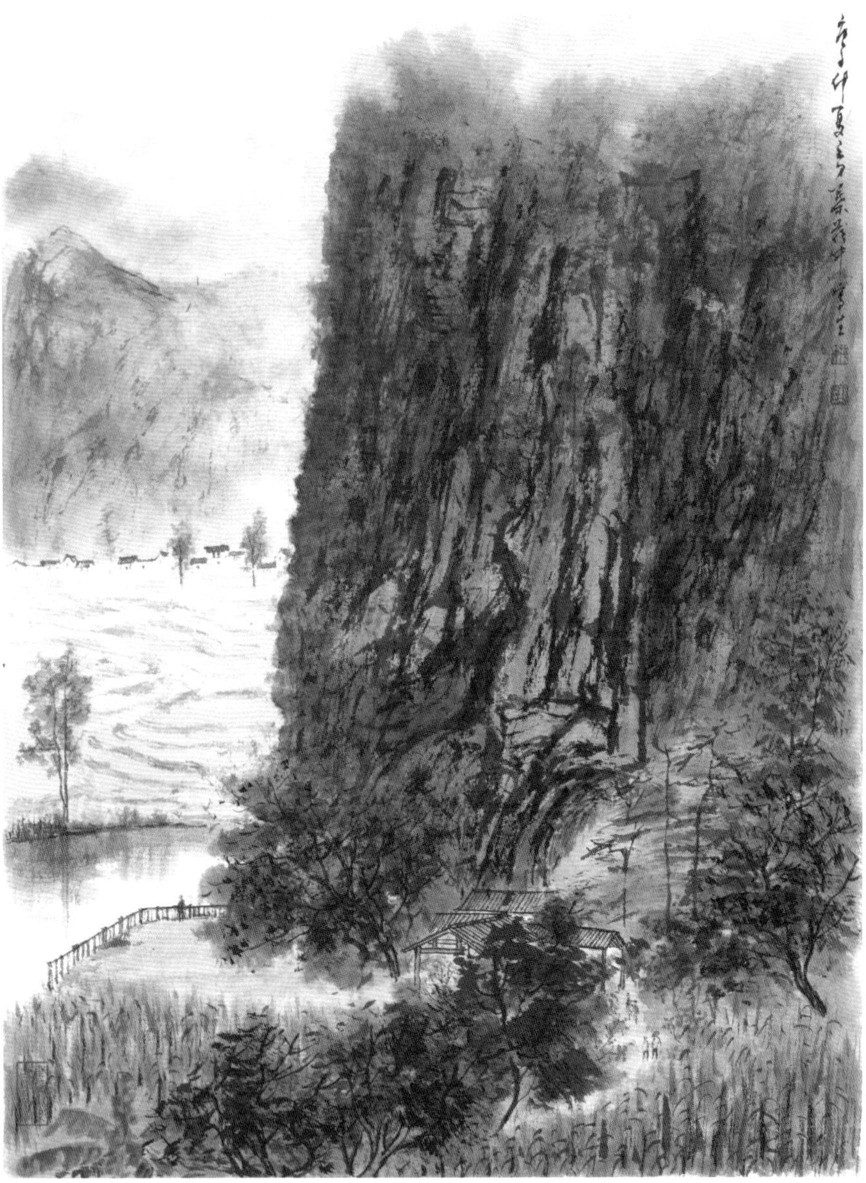

品牌符号，不仅仅是企业的自我表达，更要考虑到消费者穿着、用着、戴着品牌符号时，能帮助他们传递什么信息，输出什么价值，表达什么情感。品牌符号不仅是企业的重要资产，更是一种力量，能在品牌与消费者的互动中发挥作用，甚至对消费者施加影响，让他们心生向往。

稻花已然香两岸

纵 34 厘米 横 45 厘米

设色纸本

2020

战略营销的目的，就是洞察消费者的冲突所在，并且持久地解决冲突，满足消费者的需求——洞察消费者最大的冲突，往往也是企业成功越级，占据竞争赛道头部位置的机会所在。

冲突是战略的第一步——战略的第一步，必须基于一个明确的冲突需求之上；

冲突是战略的第一步——制定战略的目的是解决消费者的冲突，而不是解决企业的问题；

冲突是战略的第一步——只有洞察那些巨大的、尚未被解决的冲突，才能成就巨大的市场。

万杆烟雨洗苍黄

纵 34 厘米 横 45 厘米

设色纸本

2020

用媒体策略解决传播冲突的三个一：一个冲突，一句话，一幅画。

一个冲突——传播始终围绕一个核心冲突展开，表现方式可以不同，但始终会让消费者联想到品牌解决的核心冲突是什么。

一句话——消费者会主动重复的一句话。尤其是当传播进入高频重复阶段，一句可以让消费者魔性重复的话，会将传播价值放大10倍。

一幅画——需要为品牌制造一个视觉的记忆点。

半片浮云翳日光

纵34厘米 横45厘米

设色纸本

2020

如果你突然发现自己蠢，这说明你开始变聪明了；如果你突然发现自己聪明了，这说明你离智慧又远了一步。

无边阡陌寻青山

纵 45 厘米 横 34 厘米

设色纸本

2020

人要修炼一种本事，就是爱上工作，爱上了就不累、不烦了。爱一行干一行，干一行爱一行是幸运，干一行爱一行是境界。

沃田纵横晨光移

纵 45 厘米 横 34 厘米

设色纸本

2020

将军赶路，不追小兔。

社更洞里桃源境

纵 45 厘米 横 34 厘米

设色纸本

2020

『东方不亮西方亮』的想法使多元化发展战略被一些企业认为是防范风险和增进效益的良方。在多元化发展的过程中，企业最容易误入品牌延伸的陷阱。

两岸青山作画屏

纵 34 厘米 横 45 厘米

设色纸本

2020

市场是品牌的市场，而每年企业打造品牌的费用都会增长20%。我提醒那些不做广告的企业，要么永远不做，要么就赶快开始做广告吧。

芭蕉塘畔稻香郁

纵45厘米 横34厘米

设色纸本

2020

创造力，想象力，洞察力

岁月极美，在于它必然的流逝，任何一个伟大的产品，都躲不过由盛及衰的必然规律。尤其在今天，产品的生命周期大大缩短，你不主动革自己的命，为产品赋能续命，就只能被时代革了命。

山寺庭前步轻荫

纵 45 厘米 横 34 厘米

设色纸本

2020

随着科技的发展，我们可以用技术手段指挥机器来完成原本由左脑完成的工作，而右脑的工作却是冷冰冰的技术和机器无法代替的。和我们的右脑联系更加紧密的，就是想象力、创造力和品牌力了。这就是为什么在产品竞争、卡位竞争、渠道竞争等都进入红海时，唯有品牌才是终极的竞争力。

骤雨新晴有洞天

纵 34 厘米 横 45 厘米

设色纸本

2020

总结营销短视症的症状，就是企业以自我为中心，以当前的市场需求为中心，以当前的竞争对手为中心，没有长远的市场考量，忘记了消费者是动态的，市场也是动态的。只以追求当下利益为目的的行销方式，必然只能赢得眼前的短暂利益，但丧失的是企业的未来。

幽谷碧玉水流深

纵 45 厘米 横 34 厘米

设色纸本

2020

壽源

真正的广告创意有赖于创意者对生活、对人类深入的了解和洞察，更有赖于其潜意识中有足够的情报。传统的思维方式是『因为……所以……』的因果关系，而广告创意的思维方式往往是『应该……但是……』的逆向思维。

广告行业发展至今，已经成为一门综合性的学科——基于创造力、想象力和洞察力的学科。伴随着互联网的深入发展，信息的不平衡逐渐被打破，广告人必须是艺术家、思想家、市场专员、心理医生、产品经理……才能将自己的本职工作——广告人的工作做踏实。

芳草池塘庭院静

纵 45 厘米 横 34 厘米

设色纸本

2020

同样一个产品，说法不一样，给人的印象就不一样。
『所有的行业都是娱乐业，商业的实质就是「做秀」』。
如何让你的品牌和你的产品像故事一样吸引人，才是最重要的。

农人何曾畏崎岖

纵 34 厘米 横 45 厘米

设色纸本

2020

与其在一条赛道上和对手争得你死我活，不如制造冲突，创造需求，改变赛道，重构市场。

制造冲突就是创造需求，不是重新构建细分市场，而是激发出更大的欲望和需求，不以牺牲规模为代价。

制造冲突就是改变赛道，改变消费者的惯性路径，重构赛道；创造新的市场机会。

制造冲突就是重构市场，在变化之前，主动制造冲突，才是拥抱未来、主动重构市场的最佳的姿态。

堂前燕

纵 45 厘米 横 34 厘米

设色纸本

2020

一个人活在世上，有自己真正爱好的事情，那活得才叫有意思。世上有味之事，如诗、如画、如哲学，往往无用。吟无用之诗，作无用之画，读无用之书，却因此活得更加有滋有味。『不为无益之事，何以遣有涯之生』。感恩有画，为自己保留了一个开阔的心灵空间，使自己获得了一种内在的从容和悠闲。

忆江南

纵 34 厘米 横 45 厘米

设色纸本

2020

宋元绘画的精神气质一直是我向往的。宋画对宇宙和自然的关怀，技术上体现在外师造化形成的笔墨法度；元画对自我心灵的关怀，技术上体现在以书入画形成的笔墨高度。绘画中对宇宙自然与自我心灵的关怀，虽不能至，然心向往之。

双燕

纵 45 厘米 横 34 厘米

设色纸本

2020

如果某件事情点燃了你内心的火花，自然是有原因的，这个原因可能深藏在你内心的某个地方，你也许不会立刻发现，但是在一段时间之后它还是会浮现出来，这才是洞察触点激动人心的部分。触点是会『自燃』的，一经点燃，就无法抑制。

虎溪三笑

纵25厘米 横16厘米

设色纸本

2019

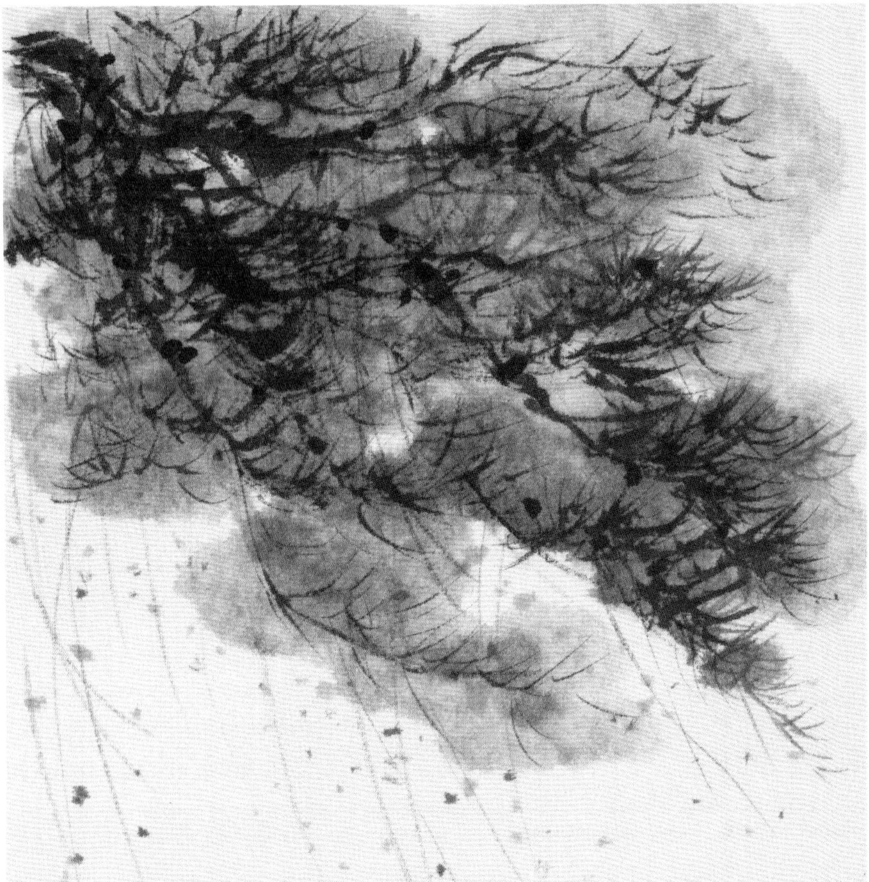

情感，胜过了一切冰冷的数据；情感也是激发一切的来源。对情感的洞察，都是基于对人性的洞察。要能够打动人，更要打动自己，这样的洞察，才能唤醒人与人之间新的连接、共情。

眼前春色为谁浓

纵 95 厘米 横 68 厘米

设色纸本

2020

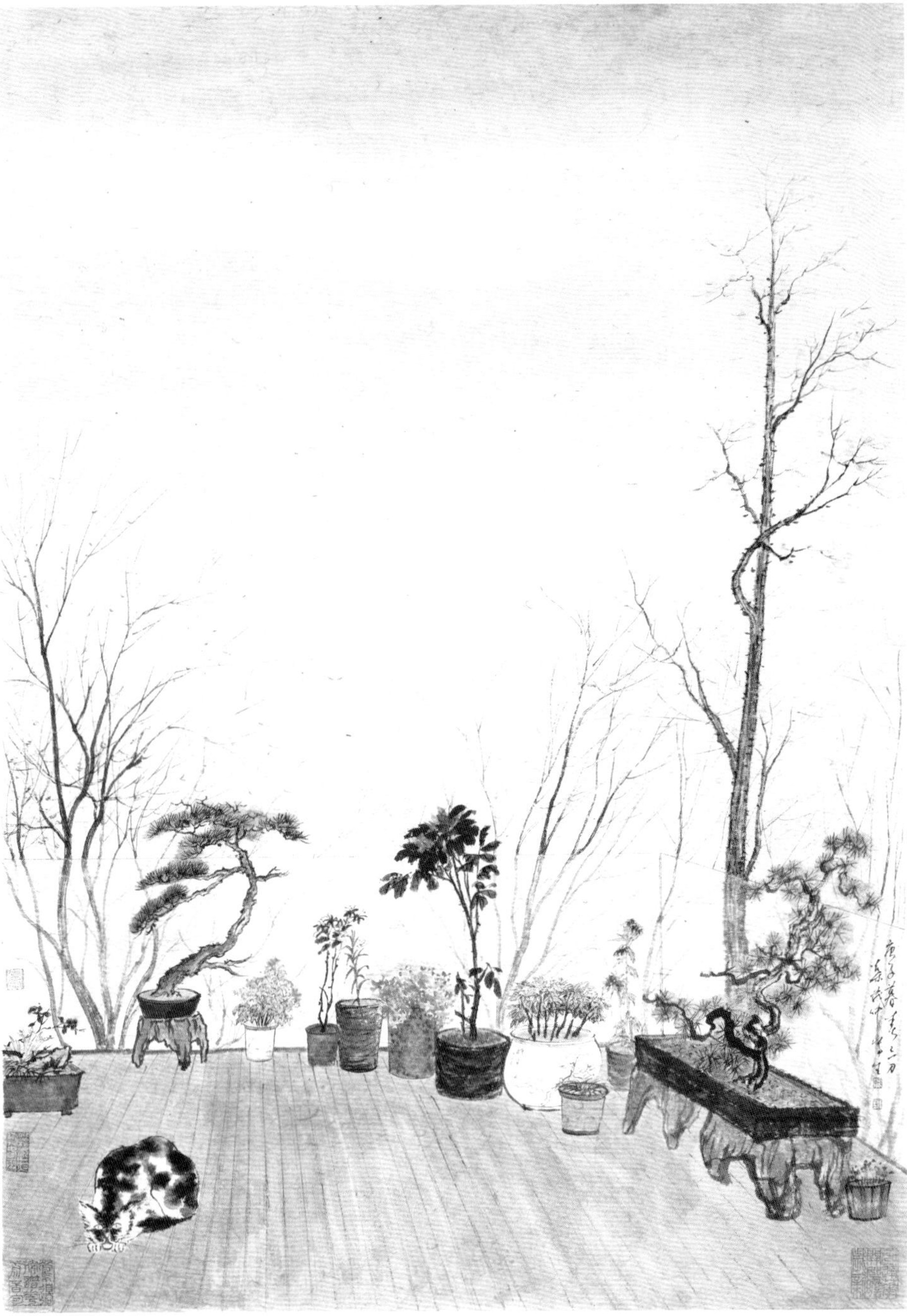

当你看不见新需求的时候，你的市场才会饱和。所以，我们必须不停地洞察消费者的需求。尤其在如今技术盛行的时代，消费者的冲突需求越来越容易被满足，这就要求我们要比消费者更不容易被满足，要比消费者快半步洞察到冲突需求的升级空间。

农家院

纵 50 厘米 横 60 厘米

纸本水粉

1987

制造消费者的心理冲突，有两种途径：制造一个惊叹号——意料之外，情理之中；制造一个问号——引发好奇和反思。

街道

纵 47 厘米 横 48 厘米

纸本水粉

1986

保持对消费者冲突升级的敏感度，是企业制造冲突的前提：当消费者的核心冲突升级时，企业就必须迭代产品，提供更好的解决方案；当消费者的核心冲突被别的冲突取代，企业也必须具备否定“旧我”，制造“新我”的决心和胆量。只有敢于革自己的命，才不会被时代淘汰。

雨

纵 45 厘米 横 55 厘米

纸本水粉

1988

哲学家说：女人是生来被爱的，不是生来被理解的。消费者也是。每个人都像一座孤岛，渴望被爱、被关注。他们有时并不需要“摆事实，讲道理”的说服，而是渴望品牌制造出的光环和心理暗示能帮助他们更快解决冲突，更快地缩小现实自我和理想自我之间的距离。

母亲河

纵 44 厘米 横 55 厘米

纸本色粉

1993

发现冲突就是发现需求，如此，营销才能一招致命，实现指数级增长。

制造冲突就是创造需求，如此，营销才能改变赛道，重构市场。

明月照

纵 52 厘米 横 74 厘米

纸本油画棒

1993

有些话，说得都对，但消费者就是记不住。所以，广告语必须遵循“戏剧化”来设计，利用反转、夸张、对比、比喻等艺术手段，放大冲突感，让广告语不仅能解决消费者的冲突，更能解决传播的冲突。在粉尘化的传播环境下，消费者听了广告语，一下子就能“跳”起来。这才是更好、更主动的被传播、被记住、被扩散的广告语。

梦回

纵 40 厘米 横 49 厘米

纸本色粉

1992

企业的品牌名是否能做到“一听，二看，三记得”？一听：企业的品牌名是不是一听就懂？二看：企业的品牌名是不是让消费者联想到了某个形象？三记得：企业的品牌名是不是能让消费者一下就记住？

所见
纵 52 厘米 横 78 厘米
纸本油画棒
1993

很多企业往往会把产品名和品类名混为一谈。取产品名，只是象征性地给产品取了共性的带有行业特征的名称，别人的产品叫洗衣粉，我的产品也叫洗衣粉；别人的产品叫电脑，我的产品也叫电脑。压根没有想过产品名也有很多文章可以做，产品名也需要能解决消费者的冲突、解决传播的冲突。

春暖花开

纵 32 厘米 横 24 厘米

纸本油画棒

2014

很多我们认为是“现实”的东西，实际上是错觉、幻觉和心理暗示。有时候，消费者并不关心事实的真相，他们更在乎自己认定的“事实”，这“事实”其实只是认知中的错觉、幻觉和心理暗示。

海钓

纵 24 厘米 横 32 厘米

纸本油画棒

2012

强大的品牌力让人们沉溺在品牌制造出的错觉、幻觉和心理暗示的大泡泡中，而这也是企业愿意花费巨资，邀请名人代言的原因。这些意见领袖的光环会为品牌和产品制造幻象和心理暗示，让消费者心生向往，甚至忽略产品本身。

海归

纵 24 厘米 横 32 厘米

纸本油画棒

2015

全世界的企业家都知道传播的冲突：我知道我的广告费有一半被浪费了，但是，我不知道是哪一半被浪费了。

要解决这个问题，我们可以从广告语、品牌名、产品名、品牌符号、媒体策略等方面下功夫，让广告语、品牌名、产品名、品牌符号、媒体策略成为解决传播冲突的武器，让一个亿的广告费达到十个亿的效果。

金色的湖

纵 24 厘米 横 32 厘米

纸本油画棒

2011

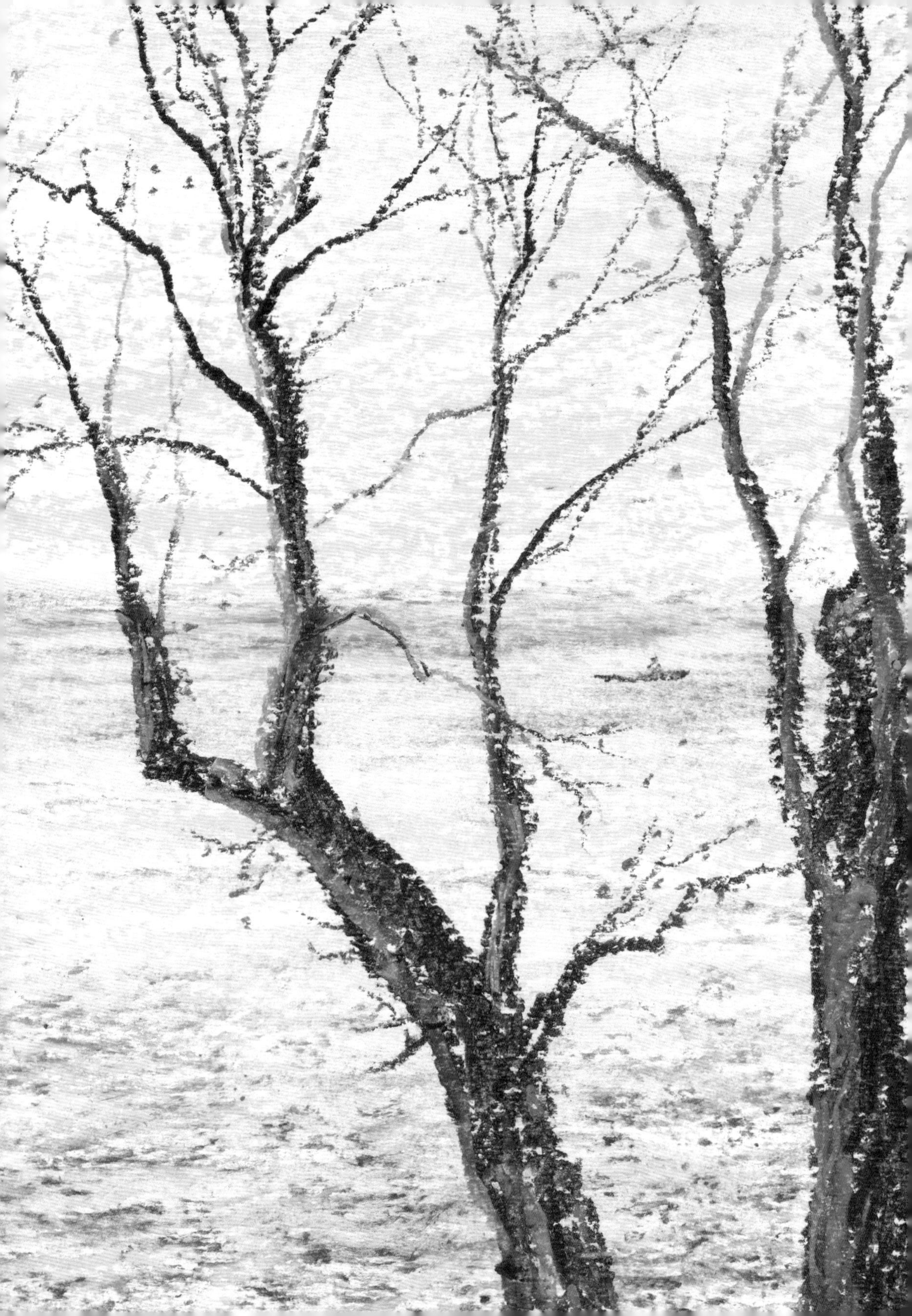

毛主席说："革命不是请客吃饭，不是做文章，不是绘画绣花……"

平庸的企业害怕冲突；

伟大的企业拥抱冲突。

春早

纵 24 厘米 横 32 厘米

纸本油画棒

2013

优秀的企业满足时代的需求，伟大的企业满足人性的欲望。

灌木丛中的海

纵 32 厘米 横 24 厘米

纸本油画棒

2014

优秀的企业满足消费者的需求，伟大的企业满足消费者的欲望。要成为伟大的企业，我们必须从消费者的欲望入手，找到更大、更持久的冲突机会；更要对人性保持深度的共感力，给出最具人性的解决冲突的方案，这才是迈向伟大的第一步。

落在公园里的雪

纵 24 厘米 横 32 厘米

纸本油画棒

2014

启程的是产品，抵达的是品牌——当物质需求已经超负荷时，新产品的入口必须在人类的欲望深处寻找；伟大的品牌最终和消费者产生共鸣的一定是高于产品、高于需求的理念，来自人的七情六欲，来自人类的欲望。

寒林

纵 32 厘米 横 24 厘米

纸本油画棒

2013

春风不度玉门关

纵 24 厘米 横 32 厘米

纸本油画棒

2014

企业做广告，永远别说自己爱说的、想说的，要说消费者爱听的、想听的。没本事引导消费者，就要放下身段迎合消费者。所以，广告是“遵命的艺术”。

我做广告 30 年，坚持的唯一原则就是：不代替消费者思考。还有一点也很重要：要满足消费者的需求，但不能满足消费者的所有需求，更不能满足所有消费者的需求！

雪后

纵 17 厘米 横 38 厘米

纸本水粉

1988

广告最大的作用不是陈述卖点，而是制造向往，所以广告和电影都是造梦并实现梦的载体。

正午的沙滩

纵 24 厘米 横 32 厘米

纸本油画棒

2015

感恩有画

感恩有画

叶茂中

我的父亲叶顺林和母亲陈凤英

我四岁的时候，父亲在香烟壳背面给我画了一条船，只画了几根线，船就出现了，扬着帆，在水上漂着，我觉得很神奇。

父亲并不会画画，但我们家祖辈都在水上讨生活，船对我父亲而言太熟悉了，只是他没想到随手这么一画，却影响了我一生。我也拿着笔照着画，一画就停不下来，一画就是几十年。

八岁时，我去陆地上小学，最喜欢上美术课。我就读的泰州大浦小学，有个校办工厂，做彩色蜡笔。学生每周都上劳动课，把蜡笔分成十二色，装到包装盒里。碰到断支的，我们拿一些也是被允许的，从此我的船儿便有了色彩。母亲给的零花钱，我都攒起来买连环画，临摹连环画上的人物、鞍马，伴我度过整个小学生活。

我十四岁时和姐姐叶玉兰的合影

念中学时我的美术老师叫刘正芳，他是泰兴人。泰兴有八大家画店，画店有裱好的轴，画心是空着的，他在上面画山水、鸟兽。刚开始时我帮他上色，逐渐，我也能依样画葫芦。从那时起，我心中的船儿在画轴上升起风帆！

中学毕业后，我白天就在家画这些轴，晚上就去轮船码头候船室画等船的旅客。那时候自发写生的画友，多时达二十多人。那儿就像是一个固定的大画室，即便寒冬腊月，飞雪漫天，人也不会少。那场景至今历历在目，在昏暗的晕黄灯光下，一群正在发育的少年夹着画板旁若无人地拼命画着，画自己未来的命运。后来这批人中有好几个都考上了美术学院。

那年，文化馆和工艺美术厂同时招工。文化馆招五个美工，美术厂招二十一个美工。两场考试偏偏在同一天，我选了风险大的只招五人的文化馆，因为文化馆有一位画家老师名叫吴骏圣，他是国画大师傅抱石的学生。如果能考进文化馆，就能成为他的学生。幸运的是，我心想事成了！

在文化馆的那一年，我一边画广告牌，一边经常让同事在下班后把我反锁在画室里，通宵达旦地画。加上吴老师的悉心指导，我心中的船儿扬帆起航！

十八岁那年，我考进江苏省戏剧学校舞台美术专业。我的书画老师郤启佑也是傅抱石的学生。当年傅抱石率领江苏省国画院两万三千里写生团，只带了三名学生，其中一位就是我的老师郤启佑。

说来有缘，我搞收藏，买的第一件藏品就是傅抱石的画，自己画山水时也喜欢用抱石皴，可见两位老师对我潜移默化的影响之深。

渔舟

纵 37 厘米 横 52 厘米

学生时代的水粉画

1986 年 11 月画于普陀山

纵观这些年，我一边做营销策划，一边画画，写生足迹遍及大半个世界的名山大川。同时也在不断收藏古今大师的作品，朝熏暮染，乐在其中也学在其中。

一个人活在世上，有自己真正爱好的事情，那活得才叫有意思。世上有味之事，如诗、如画、如哲学，往往无用。吟无用之诗，作无用之画，读无用之书，却因此活得更加有滋有味。“不为无益之事，何以遣有涯之生”。感恩有画，为自己保留了一个开阔的心灵空间，使自己获得一种内在的从容和悠闲。

2015 年春节后，鉴藏家张应平先生携我去金华，向方严老师求教。方老师深谙宋元画法，是许多深入传统的学画者取法和学习的对象。第一次见面，方老师给我讲了一个多小时的“线质”“节奏”，犹如醍醐灌顶，令我茅塞顿开。在方老师指导下，我结合自己对传统绘画多年的理论学习和理解，从宋元入手，脚踏实地进行了传统六法的学习，也才有了画册的基础。

画册分两部分：一部分为临摹古今大师的作品，我尤为喜欢黄公望、王蒙、八大山人、石涛、黄宾虹、傅抱石，用功最多；另一部分是自己的写生创作，颇为艰难，离创作的自由境界尚远。

宋元绘画的精神气质一直是我向往的。宋画对宇宙自然的关怀，技术上体现在外师造化形成的笔墨法度；元画对自我心灵的关怀，技术上体现在以书入画形成的笔墨高度。绘画中对

椅子上的男人
纵 35 厘米 横 34 厘米
纸本色粉
1990

老汉
纵 40 厘米 横 29 厘米
纸本木炭条
1986

宇宙自然与自我心灵的关怀，虽不能至，然心向往之。

在与古为徒的路上，特别感恩李雪松先生介绍黄君实和吴泰两位老师指导我，促我精进。虽未谋面，黄老师还特别为我制订了师法传统的具体学习对象；吴老师也亲自录制示范视频给我，令人感动。

在这些年里，张应平先生的公子张瑞林给我的指导最为具体，他毫不留情地批评，一针见血地点明要害，让我受益良多。

我也得到了朱修立、宋玉麟、汤哲明、谢佳华、翁志飞、瞿广慈、向京、晏旭、万亨、亓振国、秦建新、林伟光、陈则霖、黄象明等诸多老师的指导。顿首，拜谢！

感恩每每在我危难之时伸出援手的刘益谦大哥、王薇大嫂，感恩你们给我的鼓励和支持，因为你们在我身边，让我感到很温暖，很有力量。

庚子初春叶茂中于海上新生阁

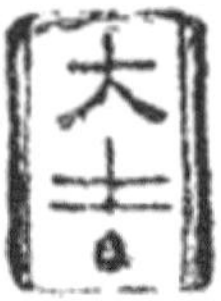
大吉

延年

口吐莲花

我欲醉
眠芳草

茂中

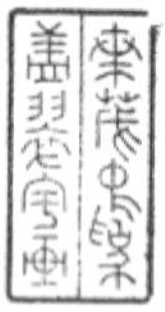
叶茂中为
盖翠宇画

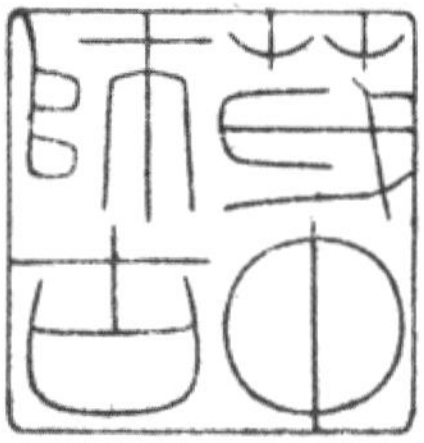
茂中师古

心无挂碍　无有恐怖
远离颠倒梦想

长宜子孙

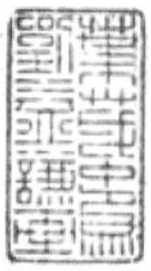
叶茂中为
早益谦画

茂中新生

叶茂中之印

以意为之

畏人嫌我真

热肠冷面　傲骨平心